Arena Taschenbuch
Band 60614

Weitere Titel von Stefan Gemmel im Arena Verlag
Befreiungsschlag. Der Weg aus der Gewalt

Stefan Gemmel,
Jahrgang 1970, ist einer der erfolgreichsten Kinder- und
Jugendbuchautoren im deutschsprachigen Raum. Der Lese-
weltrekordler 2012, 2015 und 2018 wurde für seine heraus-
ragenden Autorenlesungen und sein Engagement in Sachen
Leseförderung als Lesekünstler des deutschen Buchhandels
und mit dem Bundesverdienstkreuz ausgezeichnet.
Er lebt in Laudert (Hunsrück).

www.gemmel-buecher.de

Stefan Gemmel

FAKE

IT

TILL

YOU'RE

Famous

Ein Verlag in der Westermann Gruppe

Zu diesem Titel stehen Unterrichtserarbeitungen
zum kostenlosen Download unter
www.arena-verlag.de zur Verfügung.

Für Sarah Haag aus dem Team der Literatur-Agentur Keil & Keil.
Die kreativste, geduldigste, herzlichste Agentin, die man sich als
Autor nur wünschen kann. Herzlichen Dank.

1. Auflage als Originalausgabe im Arena-Taschenbuch 2023
© 2023 Arena Verlag GmbH
Rottendorfer Straße 16, 97074 Würzburg
Alle Rechte vorbehalten
Text: Stefan Gemmel
Cover und Umschlaggestaltung: Juliane Lindemann
unter Verwendung von Motiven von Shutterstock
© Millena und © Luke Project
Satz: Goldesel, Malte Ritter
Lektorat: Jessica Lawson & Anna-Lena Amend

Gesamtherstellung: Westermann Druck Zwickau GmbH
Gedruckt in Deutschland

ISBN 978-3-401-60614-9

Besuche uns auf:
www.arena-verlag.de

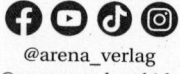

@arena_verlag
@arena_verlag_kids

Das Mädchen in der Tür

Kramer schaute zur Uhr.

Nur noch eine Viertelstunde, dann würde er seinen Platz verlassen.

Nur noch zwanzig Minuten, dann würde er neben seiner Angeltasche im Auto sitzen.

Nur noch vierzig Minuten und er würde die Angel am See auswerfen, könnte diesen Tag ausklingen lassen. Diesen Tag, der glücklicherweise mal wieder ruhig verlaufen war, wie so viele Tage in den letzten Wochen. Diesen Tag, von dem es hoffentlich noch genau 431 geben würde, bis er diesen Job an den Nagel hängen und nur noch angeln gehen würde.

Dachte Kramer.

Mit Blick auf die Uhr.

Die Uhr über der Tür der Wache.

Die Tür, der er seit Jahrzehnten gegenübersaß.

Die Tür, die sich in diesem Moment öffnete.

Die Tür, in der jetzt dieses Mädchen stand.

Mit fliehendem Blick.

Mit Angst in den Augen.

Mit blutverschmierten Händen.

Kramer wurde blitzartig klar, dass sich seine Ruhe, all seine Pläne, seine ganzen Wünsche gerade in Luft auf-

lösten. Das Mädchen kam hereingestürzt, sah ihn aus gehetzten Augen an, stützte sich mit ihren blutverschmierten Händen auf der Theke ab und schrie ihm entgegen: »Sie müssen mich festnehmen! Es geht um eine Entführung!«

1. Teil

FAKE

1
Risse im Blick

Milla blickte auf die Uhr neben ihrer Tür. Die Uhr, die sich seit Stunden nicht mehr vorwärtsbewegte. So, wie sich nichts in ihrem Leben vorwärtsbewegte.

»Nichts!«

Milla schrie dieses Wort, als müsste sie es ausspucken. Dann schaute sie sich in ihrem Zimmer um. Ihr Blick schweifte von ihrem Klavier über die Gitarre und die Ballettschuhe bis zu dem Laptop auf dem Schreibtisch und dem Notizbuch daneben, das voller angefangener Kurzgeschichten war.

»Nichts!« Dieses Mal brummelte sie das Wort vor sich hin. »Das alles hat nichts gebracht. Gar nichts!« Sie griff sich ein Kissen und warf es mit voller Wucht auf die Wanduhr neben der Tür. Krachend zerschellte sie auf dem Boden. Doch das klirrende Geräusch wurde noch übertroffen, als Milla erneut schrie: »Nichts!«

Zum Glück war sie allein zu Hause. Sonst stünde ihre Mutter jetzt längst in der Tür und würde sich sorgen. So, wie sie sich immer sorgte.

Genau wie ihr Vater auch. Beide waren Vollzeit berufstätig und versuchten, das auszugleichen, indem sie pausenlos um Milla herumsprangen, wenn sie doch mal ausnahmsweise zu Hause waren.

Dabei verstanden sie nichts.

»Nichts!«, brummelte Milla erneut. »Gar nichts. Und sie haben noch nie etwas verstanden von dem, was in mir vorgeht.«

Sie steckte sich die Ohrstöpsel ein und suchte auf dem Smartphone ihren Lieblingssong. Sobald Janice Duvalls Stimme ertönte, drehte Milla die Lautstärke voll auf und sang mit. Ihren Blick richtete sie dabei auf das Poster von Janice Duvall an der Wand. Während die Musik Millas Hirn flutete, sah sie, wie sich Janice auf dem Poster veränderte. Die blonden Locken zogen sich in die Länge und fielen ihr schulterlang und braun auf die Schultern, so wie Milla ihre Haare trug. Janice' grüne Augen wandelten sich in Millas braune und das Gesicht verzog sich so, dass Milla in sich selbst hineinblicken konnte.

Sie sah sich dort stehen, auf dem Poster. Auf dieser Bühne. Vor Tausenden von Menschen. Alle jubelten ihr zu, sangen mit, warfen ihr Plüschtiere zu und machten Fotos mit ihren Handys.

Aber mitten im Song, an der Stelle, an der Janice ihre durchdringende Stimme über die House-Bässe so einsetzte, wie es Milla niemals gelingen würde, verwandelte sich das Bild auf dem Poster wieder. Aus braunen Augen wurden grüne, aus glatten Haaren wurden Locken, aus Millas Gesicht wurde Janice' und aus der Jubelstimmung wurden Wut und die Erkenntnis, dass sich keine Fans um Milla scharten, dass sie nicht auf der Bühne stand, dass sie nicht in Fangesänge gehüllt war.

Sie war hier. In ihrem Zimmer. Auf ihrem Bett. In ihrer Trostlosigkeit.

»Das ist so unfair!«, brach es aus ihr hervor und sie zog sich die Stöpsel wieder aus den Ohren. Janice Duvall sang unbeirrt weiter, doch so klang es aus den Stöpseln nicht mehr nach Bühnensound. Jetzt, wo sie auf der Bettdecke lagen, hörte sich alles wie aus einer Konserve an.

»Warum du?«, schrie Milla die Janice Duvall auf dem Poster an. »Was du kannst, kann ich auch. Warum bist du berühmt und ich bin … ich bin … hier?«

Am Alter konnte es nicht liegen. Auch Janice Duvall war gerade erst 14 Jahre alt, als sie berühmt wurde. Genauso alt also wie Milla.

Sie sprang von ihrem Bett und rannte zu dem Poster. Mit beiden Händen ergriff sie das Papier an der oberen Ecke und zerriss das Bild mit einem kräftigen Ruck, sodass nur noch zwei Seitenränder schlaff an der Wand hingen.

Milla ließ den Papierfetzen los und er fiel so, dass er die Gitarre bedeckte.

»Ja! Mach das!«, schnaubte Milla. »So muss ich die blöde Gitarre nicht mehr sehen!« Sie musste sich sehr zurückhalten, ihren Frust nicht an der Gitarre auszulassen. Ihre Wut war noch nie so groß gewesen wie heute. Wie viel Zeit und Kraft hatte sie in die Gitarrenstunden gesteckt und wie viel Zeit in den Klavierunterricht?

Sie drehte sich um und blickte das weiße, schmale E-Piano an, an dem sie schon unzählige Stunden gesessen hatte.

»Völlig umsonst! Völlig!« Am liebsten hätte sie dem edlen Teil einen Tritt verpasst.

Ihre Eltern nörgelten ständig, dass sie viel zu früh aufgegeben hätte …

»… aber was wissen die schon!?«

Milla klaubte den Posterfetzen von der Gitarre und zerriss ihn. Janice Duvalls Gesicht starrte ihr aus zwei hässlich ausgefransten Teilen entgegen.

»Niemand weiß irgendwas von Milla«, zischte sie hervor. »Niemand! Keiner ahnt, wie es in mir aussieht! Alle interessieren sich nur für sich.«

Nun griff sie sich eines der Hefte mit den Kurzgeschichten. Beinahe hätte sie auch das zerrissen, doch im letzten Moment hielt sie inne. Frau Knopp mochte ihre Geschichten. Die Deutschlehrein hatte sie ja sogar extra darauf angesprochen.

»Bleib dran, Milla«, klangen Frau Knopps Worte in ihr nach. »Du bist auf einem guten Weg. Du musst nur an dir arbeiten.«

Endlich flossen Milla Tränen über das Gesicht. Endlich hatte die Wut sich den Weg aus ihrem Körper und aus ihrer Gefühlswelt gesucht.

»Aber ich arbeite doch an mir«, schluchzte Milla und ließ sich auf die Knie sinken. Sie schaute erneut auf Klavier, Ballettschuhe, Gitarre. »Ich hab doch an mir gearbeitet. Ich hab das doch alles gelernt. Und trotzdem …«

Sie drückte ein Knie auf Janice Duvalls Augen auf dem zerrissenen Poster.

»Trotzdem sind es die anderen, die weiterkommen.«

Es waren Sturzbäche, die ihr über das Gesicht liefen. Ihr Shirt war am Saum patschnass.

Milla wischte sich über die Augen. »Ist doch scheiße alles. Ist doch …!«

Ein quietschender Ton unterbrach ihre Gedanken. Ihr

Handy hatte geklingelt. Milla mochte den Klingelton, den sie eingestellt hatte, sehr. Angeblich sollte es ein bremsendes Auto sein, das man da hörte, doch es klang eher so, als würde jemand eine Ente kitzeln.

Sie erhob sich von den Posterfetzen und blickte zu ihrem Handy. Das Symbol für eine erhaltene Nachricht blinkte munter vor sich hin.

»Burgers Sargnägel«, las Milla und kicherte, während sie den Messenger öffnete. Wenn Herr Burger, ihr Klassenlehrer, den Gruppennamen kennen würde ... »Hihi ... egal!« Vorfreude kam in ihr auf. »'ne Meldung in der Klassengruppe? Haben wir morgen schulfrei, oder was?«

Mit einem Fingerwisch klickte sie den Messenger auf und las, was Kathy in die Gruppe geschrieben hatte:

Denkt daran: Gleich bei Pop-U-up! Johnny geht wieder online. Hab euch heute Morgen von ihm erzählt ... Ihr könnt ihn live sehen.

Milla erinnerte sich. Ja, Kathy hatte am Morgen von einem Jungen gesprochen, der online steilging. Milla hatte es nicht interessiert. Kathy schwärmte ja immer von irgendwem oder irgendwas. Aber jetzt, wo sie die Meldung so las ...

»Hmmm ...« Millas Blick fiel auf den Begriff *Pop-U-up*. Diese Plattform kannte sie wirklich noch nicht. Wieder was Neues im Netz?

Nun war ihr Interesse doch geweckt. Schnell drückte sie auf den Link. Der Browser ihres Handys öffnete sich, es erschienen erst das grau-schwarze Logo *Pop-U-up* und dann darunter der Slogan »Sei ein Star – du kannst mehr!«.

Milla horchte auf. Nun war ihr Interesse riesig groß. »Sei ein Star?« Ihr Blick ging noch einmal zu dem Logo. »Wieso hab ich noch nie was von dir gehört?«

Am unteren Bildschirmrand gab es die Möglichkeit, ein Konto zu erstellen.

»Warte doch erst einmal«, kicherte Milla, als ob das Programm sie hören könnte. »Lass mich mal schauen, was du so kannst!«

Sie wischte sich durch mehrere Accounts, wo Jugendliche zeigten, warum sie das Zeug zum Star hatten. *Pop-U-up* erinnerte sie in vielen Funktionen an bestehende Plattformen und dennoch war es anders. Man fühlte sich den Accounts mehr verbunden. Das lag daran, dass man leicht kommentieren konnte, aber auch daran, wie diese Videos eingebettet waren. Außerdem gab es einen Infokasten, der alles über die Person hinter dem Account verriet. Man musste nicht lange recherchieren und herumklicken, bis man diese Infos erhielt.

Das alles kam Milla neu und gleichzeitig bekannt vor.

»Hmmm, hat was«, kommentierte Milla. Oder: »Das würde ich lassen an deiner Stelle.«

Man konnte Kommentare oder auch einfach nur Likes hinterlassen. Am unteren Rand zeigte ein kleines Symbol, wie viele User gerade zusahen.

Schließlich gelangte sie zu einer Jugendlichen, die einen Song von Janice Duvall auf ihre ganz eigene Art interpretierte. Es war der erste Account, bei dem Milla hängen blieb. Sie hörte sich den gesamten Song an und fand die Idee des Mädchens, das eigentlich schnelle Stück sehr langsam zu singen, super.

Daher ärgerte sie sich über die Kommentare, die manche User zurückließen:

#Singende Schlaftablette, konnte Milla lesen oder **Würde dabei einschlafen, wenn es nicht so schräg wäre.**

»Quatsch!«, brüllte Milla in ihr Handy. »Ihr versteht das alles bloß nicht richtig.«

Sie war schon kurz davor, einen eigenen Kommentar zu schreiben, als am oberen Bildschirmrand ein Pop-up aufploppte.

In Sekundenschnelle einen Schwan aus Servietten falten, stand dort als Einladung und Milla klickte darauf.

Ein etwa zwölfjähriger Junge strahlte in die Kamera. »Tach auch«, rief er seinen Usern zu. »Guckt mal!« Und dann faltete er hektisch und unbeholfen etwas zusammen, das Milla nur mit Mühe und Not als Schwan erkennen konnte.

Nun kribbelte es in ihren Fingern, ebenfalls einen Kommentar zu schreiben.

Üb lieber noch einmal, tippte sie ins Display. **Dann sieht dein Schwan auch nicht aus, als wäre eine Horde Stiere drübergelaufen!**

Sie lachte über ihren Einfall und klickte auf »Go«, als sie den Hinweis bekam, dass sie sich erst ein Konto zulegen müsse.

»Ach so!« Milla zuckte zurück. »Nee, warte noch mal!«

Sie klickte sich eine Zeit lang durch alle möglichen Videos, bis sie noch einmal aufgefordert wurde, sich einen Account zuzulegen.

Vor einem grauen Hintergrund ploppten zwei Buttons auf. Man musste sich entscheiden zwischen »Willst du ein Star sein?« oder aber »Willst du einen Star sehen?«. Zu gern hätte Milla die erste Option gewählt, doch das musste warten. Erst einmal wollte sie wissen, was das für ein Junge war, von dem Kathy schrieb.

Also klickte Milla auf »Willst du einen Star sehen?« und sofort taten sich verschiedene Möglichkeiten auf. Es gab unterschiedliche Rubriken: »Music«, »Videos«, »Gaming«, »Fashion«, »Sports«, »Beauty«, »Hobbys«, »Pets«, »Learning«, »Cooking«, »Travels«, »Others«.

Milla wischte über all die Begriffe hinweg und scrollte weiter und weiter nach unten. »Und wo finde ich diesen Johnny?«, murrte sie und setzte noch »Wieso hast du keinen Link geschickt, Kathy?!« hinterher, als sie den Begriff »Search« entdeckte, neben dem es eine Zeile zum Eintragen gab.

Milla tippte den Namen ein: **Johnny.** Erneut ploppte ein Menü auf dem Display auf. Es gab mehrere Johnnys. Einer unter der Rubrik »Hobbys«, der anscheinend Vogelhäuschen baute.

Das Profilbild zeigte einen älteren Mann in Latzhose in seiner Garage, wie er eine Säge an einem Vogelhaus ansetzte.

Milla musste lachen. »Kathy, du bist ja schon schräg. Aber so schräg dann bestimmt doch nicht.«

Ein anderer älterer Johnny stand in der Küche und gab scheinbar Kochtipps. Und ein weiterer älterer Johnny saß vor einem Einstein-Poster, wahrscheinlich in einer Schule, und bot Mathenachhilfe an.

»O Kathy … Du bist vielleicht doch schräger, als ich dachte«, kicherte Milla. »Schwärmst du jetzt für Mathelehrer?«

Ihre Wut von vorhin war verflogen. Sie war gespannt, was das alles sollte.

Dann: »Volltreffer!«

Ganz klar, das musste Kathys Johnny sein. Milla schaute auf das Profilbild eines Jungen, der auch von einem Filmplakat oder einem Albumcover herabblicken könnte. Er war keine zwanzig Jahre alt, schätzte Milla, hatte kurze, blonde, gegelte Haare und ein sympathisches Lächeln. Unter dem Foto konnte sie seinen Slogan lesen: »Make love and wear.«

Milla verstand den Seitenhieb auf »Make love not war« und musste zugeben, dass Johnnys Spruch originell war. Erst auf den zweiten Blick allerdings verstand sie die Dimension dieses Slogans.

Milla musste lachen: »Johnny Wear? Das ist dein Künstlername? Du gibst Klamottentipps? Krass, Kathy ist also doch schräg drauf. Sie steht auf einen Unterhosen-Typen!«

Sie schaute noch einmal auf das Profilbild, murmelte »Zugegeben, ein sehr sexy Unterhosen-Typ« und öffnete den Account.

Sie konnte Massen von kurzen Videos anklicken. Überall sah man diesen Johnny mit Klamotten stehen, die er anscheinend weiterempfahl. Mal trug er sie selbst, mal hielt er sie nur in den Händen. Er schien Abwechslung zu mögen – sowohl was die Klamotten als auch die Präsentation betraf.

Milla war beeindruckt. Mehr noch: Sie musste ihr Geläster von vorhin zurücknehmen.

»Na ja.« Sie grinste. »Wenn so ein Junge für Unterhosen modelt, dann bin ich gern dabei!«

Noch im Kichern hielt sie sich einen Finger gegen den Mund. Hatte sie das gerade wirklich laut gesagt? Gut, dass sie allein im Haus war. Nicht auszudenken, wenn ihre Mutter solche Sprüche von ihr hören w…

Millas Augen weiteten sich. Ihr Mund stand vor Erstaunen offen, die Augenbrauen hoben sich. Sie starrte auf diese Zahl in ihrem Display: 117.344 Follower.

Sofort fiel Milla ihr eigener Account bei TikTok ein, auf dem sie gerade mal 324 Follower hatte. Und dieser Johnny-Unterhosen-Typ hatte über hunderttausend?

»Weil du Klamotten zeigst?«, blaffte sie den Account an, als sich auf dem Display etwas regte. Ein digitaler Hamster in seinem Rad erschien und darunter war zu lesen: »Noch eine Minute, dann beginnt der Livestream.«

Milla erhob sich vom Boden und ging zu ihrem Bett. Sie ließ sich in die Kissen fallen, ohne den Blick von dem spaßigen Hamster-GIF abzuwenden.

»Okay, bin mal gespannt, Johnny, wie du hunderttausend Follower rockst! Ich hoffe nur, du behältst die Unterhosen dabei an. Nicht, dass Kathy uns auf eine dieser Ferkelseiten geschickt hat.« Sie musste über ihren eigenen Gag lachen.

In diesem Moment stand der Hamster im Display still und das Bild wandelte sich wieder. Milla musste vier verschiedene Werbeeinblendungen über sich ergehen lassen, von denen sie nicht eine einzige interessierte. Sie verdrehte die Augen. Wenn das nur mal einer abschalten könnte. Das halbe Leben schien daraus zu bestehen, Werbung zu ertragen. Fernsehen, online, Gaming, alle Apps – immer diese Werbeblöcke davor, dazwischen, danach.

»Mann! Ehrlich! Ich …«

Die Werbung verschwand und Johnnys eigene Seite erschien. Milla beugte sich tief über das Handydisplay. Johnny stand wahrscheinlich in seinem eigenen Zimmer, mit einem weit geöffneten Kleiderschrank im Hintergrund, der vor lauter Klamotten nur so überquoll.

Milla schaute sich alles sehr skeptisch an, doch sie musste zugeben: Johnnys Auftritt wirkte hochprofessionell. Der Raum war perfekt beleuchtet und die Kamera so positioniert, dass Johnny genau in der Mitte stand und der riesige, offene Schrank im Hintergrund ihn einrahmte.

Johnny selbst wirkte super gelaunt und echt sympathisch. Er stand mit T-Shirt und offenem Hemd vor der Kamera und hatte einen wachen, klaren Blick.

»Bin erst mal beeindruckt«, musste Milla murmelnd zugeben, als Johnny zur Begrüßung beide Hände zur Kamera hielt.

»Hey, Mädels! Hey, Jungs! Hey, diverse Welt!«, rief er fröhlich und Milla war zum zweiten Mal beeindruckt.

»Er begrüßt sogar die nonbinären Follower? Cool. Da würde ich niemals dran denken.«

Ihr Interesse war nun gigantisch groß. Dieser Johnny war bestimmt kein Unterhosen-Typ. Das war klar.

Johnnys Stimme klang weiterhin fröhlich aus dem

Handy: »Ja, ich weiß, ich hab schon einige Hundert dieser Videos für euch gemacht, aber ich bin doch immer wieder aufgeregt. Immerhin ist das Ganze hier live. Ich hab Sorge, mich zu versprechen oder aus Versehen ein falsches Wort zu benutzen oder die Firmen zu verwechseln, die mich hier unterstützen.«

»Wow!«, entfuhr es Milla. Ein Junge, der seine Schwächen zugab? Und das gleich zu Beginn eines Videos? Wie cool war das denn bitte? Sie musste tatsächlich zugeben, dass …

Als Johnny in diesem Moment mit dem Finger zum unteren Displayrand zeigte, stockte Milla schon wieder der Atem. Johnny war wohl selbst überrascht, zumindest tat er so.

»Und wenn ich dann noch sehe«, rief er aus, als sein Finger nach unten deutete, »dass von meinen vielen Followern gerade über tausend dieses Video live mit ansehen, steigt die Aufregung noch mehr. Hey, Leute, ich glaube, mit meinem Lampenfieber könnte ich jetzt den ganzen Raum ausleuchten.«

Er lachte laut. Er lachte herzlich. Er lachte so, dass er Millas Herz direkt erreichte. Johnny war klasse. Ein Traumtyp. Bisher hatte sie nichts ansatzweise Ähnliches online gesehen. Das hier war nicht zu vergleichen mit den Livestreams, die sie auf TikTok oder Instagram angeklickt hatte. Johnny war witzig, er hatte Charme und er wirkte so offen und ehrlich, dass man glauben konnte, ihn schon immer zu kennen.

Auch seine Show, die knapp zwanzig Minuten dauerte, war perfekt. Johnny erzählte von seinem letzten Shoppingtrip und hielt alles in die Kamera, was er sich gekauft hatte. Shirts, Hemden, Jeans, Schuhe. Und zu allem gab es Geschichten. Johnny berichtete von einem witzigen Gespräch mit einer anderen Kundin, als er das Hemd ausgesucht hatte, und er erzählte von einem interessanten Austausch mit dem Filialleiter der Schuhkette. Außerdem musste er selbst darüber lachen, dass er dreimal an dem Laden, den man ihm als Geheimtipp genannt hatte, vorbeigelaufen war. »Das ist mal ein Geheimtipp, was?«, lachte er offen in die Kamera und Milla hatte lauthals mitgelacht.

Zwischen all dem Geplauder gab Johnny noch wissenswerte Facts über die Modewelt weiter.

Die zwanzig Minuten verflogen, als wären es nur Sekunden. Als Johnny schließlich mit beiden Händen in die Kamera winkte, sich von allen »Mädels, Jungs und nonbinären Menschen« verabschiedete und ein GIF erschien, das den vorhin so rennenden Hamster nun schlafend in seinem Rad mit der Unterzeile »Bis bald in diesem Kanal« zeigte, da starrte Milla weiter auf das Display. Sie war so gedankenverloren, dass sie den Blick nicht abwenden konnte. Auch nicht, als nach und nach die verschiedensten Nachrichten auf ihrem Handy aufploppten:

Hey, Kathy, danke für den Tipp zu Johnny. Der ist ja echt klasse, der Typ!

Kathy, der boy ist so cute. THX für den Link!

Kathy, warum hab ich noch nie von diesem Johnny gehört? Der ist ja voll krass drauf!

Kathy: Noch mehr Tipps, please!

Milla las alle diese Nachrichten, aber ihr Blick löste sich nicht mehr von ihrem Display. Sie umklammerte das Handy sanft mit beiden Händen und flüsterte nur: »Das bin ich!«

2
Tief in Gedanken

||||||||||||||||||||||||||||||||||||||||||||||||||||||||||||||||||||||||||||||

»Es ist aber schon alles in Ordnung mit dir, oder?«

Die Stimme ihres Vaters riss Milla aus den Gedanken. »Was?«

Er lächelte sie an. »Wir sitzen seit einer Viertelstunde beim Abendessen und du sprichst kaum was. Da mache ich mir schon Sorgen, du.«

Milla lächelte kurz zurück. »Ach so. Nee. Bin nur in Gedanken«, antwortete sie und dachte: Bei Johnny.

»Das müssen aber viele Gedanken sein«, bemerkte er.

»Stimmt«, gab Milla zurück und dachte: Alle für Johnny.

»Ob da jemand verliebt ist?«, ulkte er.

»Nö«, schoss es aus Milla heraus. Sie dachte: Bin gerade in niemanden verliebt. Und ganz bestimmt nicht in Johnny.

Gerade dieser letzte Gedanke ließ sie selbst aufmerken. Warum dachte sie den ganzen Tag nur an ihn? Und zwar so sehr, dass es selbst ihrem Vater auffiel? Mit Liebe hatte das nichts zu tun. Für Jungs oder Mädchen interessierte sich Milla überhaupt nicht auf diese Art. Sie bekam ja mit, was ihre Freundinnen alle für einen Stress mit ihren Beziehungen oder eben ihren Nicht-Beziehungen hatten. Das musste sie sich nicht auch noch aufladen.

Nein, ihre Johnny-Grübeleien mussten einen anderen

Hintergrund haben. Schließlich musste sie lächeln, als ihr klar wurde, was sie an Johnny so faszinierte.

Ihrem Vater war das Grinsen nicht vergangen. »Na, so wie du gerade schaust, bist du ja wohl doch ein bisschen verliebt, was?«, neckte er seine Tochter. »Darf man fragen, was er hat, was andere nicht haben?«

Milla blickte von ihrem Abendessen auf, lächelte noch mehr als vorher und antwortete knapp: »Geile Followerzahlen.«

Das verdutzte Gesicht ihres Vaters, der mit allen anderen möglichen Antworten gerechnet hätte, verfolgte sie bis hoch in ihr Zimmer.

»Followerzahlen«, wiederholte Milla oben angekommen, als sie ihr Handy einschaltete und bei *Pop-U-up* Johnnys Profil öffnete.

»Uff!«, entglitt es ihr, als sie sah, dass seit seiner Livesendung über 500 neue Follower dazugekommen waren. »Das gibt's nicht!«

»Doch, das gibt's. Das ist so!« Kathy warf am nächsten Morgen nur einen flüchtigen Blick auf die Followerzahlen, die ihr Milla auf dem Schulhof vor die Nase hielt. Sie standen an der riesigen Eiche, die mitten auf dem Schulhof wuchs. Hier trafen sie sich jeden Morgen, bevor der Unterricht begann. Von hier hatten sie den besten Blick auf all die Schülerinnen und Schüler, die am Morgen in die Schule kamen. Man konnte am besten beobachten und lästern, Klamotten vergleichen oder neue Frisuren entdecken oder herausfinden, wer was mit wem hatte oder auch nicht …

»Ich folge ihm erst seit ein paar Wochen und staune

auch. Echt, ey: Nach jedem Livestream folgen dem ein paar Hundert Fans mehr. Der macht die Million bald voll. Glaub mir!«

Milla schaute sie schräg an. »Reden wir noch über Follower?«

Kathy lachte. »Follower oder Kohle, ich glaube, das ist bei Johnny gleich.«

»'ne Million?«

»Oder mehr«, winkte Kathy ab und Lia, die neben ihnen stand, gab Kathy recht: »Das ist der Hammer, was die verdienen. Ich hab das mal in einem Blog gelesen. Jede einzelne Folge ist eine echte Gelddruckmaschine.«

»Das war aber nicht immer so«, warf Lia ein. »Der hat schon jahrelang seinen Account, aber erst seit einigen Monaten ist er überall bekannt.«

Milla sah sie an. »Echt?«

Kathy gab Lia recht. »Ja. Der hat früher einfach nur Klamotten präsentiert. So wie alle. Erst, als er auf die Idee kam, Geschichten drum herum zu erzählen, wurde er bekannt. Da gibt es ein Video, in dem er sagt, er sei Bronco begegnet. In einem Laden.«

Milla riss die Augenbrauen hoch. »Dem Rapper?«

»Hammer, oder? Die beiden haben wohl lange Zeit gequatscht und als Johnny davon erzählte, ist sein Account fast geplatzt.«

Lia nickte. »Der ist also über Nacht bekannt geworden.«

»Und reich!«, lachte Kathy.

»Und reich!«, stimmte Lia mit ein.

Milla blieb still. Sie gab auch kein High Five. In ihr

brannte eine Frage, von der sie nicht wusste, ob sie sie stellen sollte. Schließlich wollte sie nicht naiv oder unwissend erscheinen.

Aber es war zu wichtig, als dass sie nicht nachhaken wollte: »Wie denn? Wie macht man denn mit solchen Videos Kohle?«

Lia freute sich über die Frage, denn jetzt konnte sie ihr Wissen beweisen: »Was kam vor Johnny?«

Milla dachte nach. »Ich musste mich anmelden. So ein süßer Hamster in seinem Rad war zu sehen, um zu zeigen, wie lange …«

»Werbung!«, fuhr Lia dazwischen. »Du hast Werbung gesehen. Stimmt's?«

Milla nickte. »Jede Menge.«

»Genau. Und für jedes Filmchen, das vor deinem Video läuft, bekommst du Geld.«

»Aha.«

Lia war noch nicht fertig: »Dann sind da noch die Firmen, also die Klamottenhersteller. Die geben dir natürlich auch Geld, wenn du deren Sachen zeigst.«

»Oh!«

»Genau: Aha und oh«, lachte Lia. »Du verdienst doppelt an den Videos.«

Kathy hakte sich ein: »Und Fame kriegst du auch noch obendrauf!«

»So wie Johnny!«, bestätigte Lia.

»So wie Johnny«, wiederholte Kathy. »Komm, Milla, sonst gibt's Stress mit Herrn Burger.«

»Ist mir egal«, entfuhr es Milla und ihre Freundinnen waren überrascht.

»Echt? Nachdem wir neulich für drei Minuten Verspätung diesen Anschiss kassiert haben?«, erinnerte Lia sie.

»Ist was mit dir?«, fragte Kathy besorgt.

Milla versuchte, locker zu bleiben. »Nee, hab nur noch keinen Bock auf das Gelaber dadrin.« Sie deutete in Richtung ihres Klassenraums.

Lia zuckte mit den Schultern. »Na, wenn du mehr Bock hast auf den Stress dadrinnen«, antwortete sie und deutete zum Direktorenzimmer. »Viel Erfolg.«

Sie wandte sich ab und ging Richtung Eingangstür.

Kathy versuchte es ein letztes Mal: »Wirklich alles okay?«, erkundigte sie sich und berührte mit ihren Fingerspitzen Millas Hände.

»Ja, doch«, gab Milla zurück. »Alles okay.«

Kathy zögerte kurz und sagte: »Ich bin da, wenn du mich brauchst, ja?«, dann folgte sie Lia in das Schulgebäude.

Milla allerdings blieb weiter an ihrem Platz stehen und schaute den beiden hinterher. In ihr klangen die Worte ihrer Freundinnen so klar nach, als hätte sie ihre Stimmen mit dem Handy aufgenommen: »verdienst doppelt« und »Fame obendrauf«. Und dann noch einmal: »verdienst doppelt« und »Fame obendrauf«. Wie in einer Endlosschleife: »verdienst doppelt« und »Fame obendrauf«. Wieder und wieder. Bis der Pausengong der Schule Milla aus den Gedanken riss. Inzwischen stand sie fast allein auf dem Schulhof. Die meisten anderen waren bereits im Gebäude oder drängten sich durch die Tür. Milla fragte sich, wie lange sie wohl gedankenverloren dagestanden und Löcher in die Luft gestarrt hatte.

Sah bestimmt super aus, dachte sie. In diesem Moment nahmen die Worte Besitz von Millas Hirn: »Sah bestimmt super aus!« wurde zu »Siehst super aus!«.

Das bekam sie immer wieder gesagt. Die meisten Menschen, mit denen sie zu tun hatte, fanden sie schön. Und Johnny war auch schön. Viele hielten sie für klug. Und Johnny war auch klug. Sehr viele mochten ihren Humor und ihre freche Klappe. »Und so 'ne freche Klappe hat Johnny nicht«, flüsterte Milla und über ihr Gesicht zog sich ein selbstbewusstes Lächeln.

Sie wusste, was zu tun war. Und sie war bereit dazu!

Also galt es erst einmal, diesen Schultag hinter sich zu bringen. Sie rang sich mehrfach ein Lächeln für Kathy und Lia ab und zwang sich, ihren Gesprächen zu lauschen und zwischendurch Antwort zu geben.

Sie legte ihr »Schooling-Face« auf, also ihr interessiertes Gesicht, wenn vorne etwas erklärt wurde, allerdings ohne dass sie wirklich zuhörte oder etwas von alledem verstand.

Genau genommen zogen die Gegebenheiten dieses Tages an ihr vorbei wie Herbstlaub bei einem Waldspaziergang.

Genau wie bei einem solchen Spaziergang umspielte sie ein Wind aus Gedankenfetzen. Sie überlegte sich, wie sie wohl auf *Pop-U-up* wirkte. Sie stellte sich vor, wie sie in verschiedenen Klamotten und Posen vor der Kamera stand und wie die Userzahlen in die Höhe schnellten. Sie grübelte darüber nach, wie sie ihre Zuschauer begrüßen könnte und ob sie Dinge mit den Händen in die Kamera halten oder lieber darauf zeigen würde, wenn sie hinter ihr hängen würden. Sie träumte, sie sehnte, sie erdachte.

Und über alledem erschien immer wieder das Logo von *Pop-U-up*.

3
Erster Stream im Netz
||||||||||||||||||||||||||||||||||||||||||||||||||||||||||||||||||||||||||||||||||||||||

Wieder einmal spürte Milla weder Zeit noch Raum, weder die Anspannung im Nacken noch die übermüdeten Augen, als ihre Finger über das Handydisplay wirbelten. Ihren Account bei *Pop-U-up* hätte sie auch an ihrem Laptop erstellen können. Das wäre übersichtlicher und nicht so kleinflächig gewesen.

Aber dann hätte Milla aufstehen und rübergehen und das Laptop einschalten und abwarten müssen. Und das ging nicht: warten. Nein, sie brauchte den Account jetzt! Sofort!

Hektisch gab sie ihren typischen Nutzernamen »Milla#1« ein, gefolgt von dem Passwort, das sie immer nahm: »Milla_ohne_Villa_#1«.

Ihr Vater wäre entsetzt, wenn er das sehen würde. »Du weißt schon, dass du für jeden Account ein eigenes Passwort nutzen solltest«, hörte sie seine Stimme in ihrem Kopf. Doch wer machte das schon! Millas Vater in seiner Sparkassenfiliale vielleicht.

»Aber ich ganz bestimmt nicht!«, flüsterte Milla und drückte auf den Button »Log-in«.

Der Bildschirm wechselte.

Vollständigen Namen eingeben – kein Problem. Region und Sprache wählen – kein Problem. Geschlecht wählen – kein Problem. Geburtsdatum eingeben – oh, Problem. Großes Problem, denn über der Zeile, in der man sein Datum eingeben konnte, stand in roten Buchstaben: »Du musst mindestens 16 sein, um einen Account bei *Pop-U-up* anzulegen.«

Milla stutzte. In ihrem Finger kribbelte es. Ihre Eltern hatten sie gewarnt, solche Hinweise zu ignorieren.

»Du kannst nie voraussehen, worauf du dich einlässt«, hatte ihr Vater erklärt.

»Und wohin deine Daten geschickt werden«, ergänzte die Mutter.

»Oder ob dein Handy ausgelesen wird.«

»Oder was mit den Daten in deinem Adressbuch passiert.«

»Oder welche anderen Onlineplattformen mit solchen Programmen verknüpft sind.«

»Oder …«

Selbst jetzt noch verdrehte Milla die Augen, wenn sie an das Gespräch von damals dachte. Diese »Was-alles-passieren-kann«-Liste hatte überhaupt kein Ende mehr genommen.

Aber jetzt waren ihre Eltern nicht hier. Und Milla konnte nicht mehr warten. Also tippte sie die ersten Zahlen ein: **26.05.**

26. Mai. Ihr Geburtstag. Sie hatte am gleichen Tag Geburtstag wie Miles Davis. Ein Jazztrompeter, den ihr Vater verehrte: »Es gibt nichts Besseres als echten Jazz. Und es gibt keinen echteren Jazz als den von Miles Davis!«

Wie oft hatte Milla diesen Satz schon zu hören bekommen! In ihr war deswegen vor ein paar Jahren der Verdacht aufgekommen, dass sie möglicherweise nach diesem Miles Davis benannt worden war.

»Auf keinen Fall«, hatte ihr Vater abgewehrt, als sie ihn darauf angesprochen hatte. Doch manchmal, wenn er die Musik von Davis spielte, die Milla überhaupt nicht leiden konnte, dann sah er sie so gedankenverloren an, dass sie sicher war: Als Junge würde sie Miles heißen.

Sie schüttelte sich. Mit diesen albernen Überlegungen versuchte sie nur, den Moment hinauszuzögern, ihr Geburtsjahr einzugeben. Ihr Finger schwebte über dem Display. Ihr Gewissen, eine leise Stimme in ihrem Kopf, meldete sich. Doch dann waren da noch die anderen beiden Stimmen, die alles übertönten und wie ihre Freundinnen heute Morgen klangen: »verdienst doppelt« und »Fame obendrauf«.

Also ließ Milla von ihrem Zögern ab, unterdrückte alle Gewissensbisse und gab die Jahreszahl ein. Natürlich nicht ihr echtes Geburtsjahr. Sie rechnete einfach drei Jahre auf ihr Alter drauf. Schon oft war sie für älter gehalten worden. Was sollte schon passieren? Wenn sie demnächst reich und berühmt war, würden alle nur lachend abwinken und »Milla, Milla!« rufen.

Sie speicherte und wischte sich ein Eingabefeld weiter, als ihr erneut der Atem stockte. »Zahlungsmethoden« stand dort geschrieben. Man hatte die Wahl zwischen PayPal, Kontoverbindung oder Kreditkarten.

Dieses Mal fiel es Milla nicht so schwer, sich durchzuklicken. Nachdem sie sich beim Geburtsdatum schon überwunden hatte, fiel ihr die Täuschung leicht. Sie hatte schon sehr oft ihrem Vater dabei zugesehen, wie er für sie im Internet etwas bestellt und dabei seine Bankverbindung eingetippt hatte. Auch beim Eingeben des Passwortes hatte er sich nie abgewendet. Daher wusste Milla exakt, was sie einzutippen hatte, und so erreichte sie endlich die Seite für ihren eigenen Content. »Inhalt also«, sagte sie. Sie klickte die Rubrik »Fashion« an und dort »Seite erstellen«. Sie gab sich den Namen »Milla#1« und ließ das Programm testen, ob es diesen Namen bereits gab.

»Natürlich nicht!«, atmete Milla erleichtert aus. »Ich bin und bleibe die Nummer eins!«, sagte sie beruhigt. Eine Alternative wäre ihr nicht so schnell eingefallen. Natürlich hätte sie ihr Passwort ableiten können: »Millas Villa« oder »Millas Fashion-Villa«, aber Milla fand, das klang alles zu aufgesetzt.

Nun musste sie eingeben, wie sie vorgehen wollte. Sie sollte entscheiden, ob sie nur Livestreams oder nur vorproduzierte Videos einstellte oder auch beides. Milla überlegte kurz und tippte dann auf »vorproduzierte Videos«.

»Erst mal auf Nummer sicher gehen«, flüsterte sie sich selbst zu. Gleich live online zu sein, das machte ihr etwas Angst. Vielleicht später, dachte sie und las die nächste Seite durch: AGBs ohne Ende.

»Liest eh niemand, diesen Mist!«, grummelte Milla und scrollte sich bis ganz nach unten, wo sie auf »Zustimmen« klickte.

Nun änderte sich der Bildschirm komplett. Milla konnte ihre eigene Seite gestalten. Sie versuchte mehrere Schrifttypen und verschiedene Hintergründe.

»Oh, und ein Logo brauche ich auch noch«, bemerkte sie mit Blick auf das graue Feld, das man mit einem Bild füllen konnte. Milla fuhr sich durch die Haare, richtete das Shirt und schoss mehrere Selfies, von denen nur wenige Sekunden später eines wie ein Logo in der oberen Ecke stand.

Schließlich kam die Aufforderung: »Stell dein Video ein.«

»Tja!« Milla schaute einige Zeit auf diese Zeile. Dann sprang sie von ihrem Bett herunter und öffnete ihren Kleiderschrank. Mit den Händen fuhr sie über die gebügelten Röcke und Hosen und über die gefalteten Shirts und die Unterwäsche.

Sie lächelte. »Na, ich will ja Klickzahlen haben, aber bestimmt nicht so. Ich werde ganz bestimmt nicht in Unterwäsche vor der Kamera herumhüpfen, ey! Das könnt ihr vergessen! Ich bin doch keine Unterwäsche-Tussi. Ich bin Johnny Wear – bloß in besser. Ich bin Milla Nummer 1. Ich hab Niveau!«

Sie griff sich das erste Shirt. Es war schwarz und diese Farbe brachte Milla auf eine Idee. »Und ich hab Witz! Pass auf, Welt! Ich komme!«

Rasch zog sie sich das Shirt über, bevor sie zum Schreibtisch stürmte und dort das Handy so gegen die Schreibtischlampe stellte, dass ihre Kamera den halben Raum aufnehmen konnte. In ihrem Bauch kribbelte es, als hätte sie Flöhe verschluckt. Ihr Herz raste. Milla atmete noch einmal kräftig ein, bevor sie auf den roten Button zum Aufnehmen tippte, und stellte sich vor die Kamera. Beinahe hätte sie ähnlich wie Johnny mit »Hey,

Mädels, hey, Jungs, hey, alle Nonbinären« begonnen. Aber das ging ja nicht. Also grüßte sie auf ihre Art: »Hallo, alle zusammen. Schön, dass ihr mein Video schaut. Ich bin Milla und werde euch hier eine Menge Modetipps geben. Zum Beispiel: Überrascht ihr auch gerne Leute so wie ich? Fallt ihr in der Menge auch gerne auf so wie ich? Versucht's mal damit: Wenn ihr mal wieder auf eine Familienfeier eingeladen werdet und ihr könnt schon davon ausgehen, dass die meisten in schwarzen oder grauen Klamotten rumrennen, dann zieht doch was Buntes an. Klar sollte das schick sein.« Sie hob ihre blaue Bluse so vor die Kamera, als würde sie sie gerade anprobieren. »Aber so bringt ihr Farbe in den Raum. Cool, oder?« Sie ließ die Bluse wieder sinken. »Das geht natürlich auch andersherum. Wenn ihr irgendwo seid, wo die Leute bunte Klamotten tragen, zieht euch was Schwarzes an. Und ›Peng!‹, fallt ihr schon wieder auf. Okay?«

Eine Pause entstand. Wie in einem Gespräch, in dem alles gesagt ist, man sich aber noch nicht verabschieden kann – richtig peinlich. Doch das hier war nicht nur unangenehm, es war unerträglich. Milla wollte einfach kein cooler Spruch zum Abschluss einfallen. Also rief sie nur: »Macht's gut. Bis dann. Tschüss!« Sie sprang vor und stoppte die Aufnahme.

Ihr Herz raste nur noch mehr. Die Flöhe im Bauch schienen Achterbahn zu fahren. Es brauchte einen Moment, bis Milla wieder richtig durchatmen konnte.

Das kleine rote Symbolbild in der Ecke ihres Displays blinkte. Es schien ebenfalls aufgeregt zu sein. Aber die Aufnahme hatte funktioniert!

»Das ist es also«, sagte Milla und nahm das Handy in die Hand. »Mein erstes Fashionvideo.«

Sie klickte es an und erschrak: »Was? Nur 58 Sekunden?« Nun überschlug sich ihr Herz erst recht. »Nicht mal 'ne Minute? Oh, Shit! Das wäre höchstens was für TikTok ...«

Johnny war ganze zwanzig Minuten live gewesen. Und sie schaffte nicht einmal ein Video von einer Minute? Dazu musste sie den Beginn und das Ende ja noch kürzen, wo man sehen konnte, wie sie die Aufnahme startete und stoppte. Aber genau das war doch einer der Vorteile von *Pop-U-up* gegenüber den anderen Plattformen im Netz: Man sollte sich Zeit nehmen bei seiner Performance, um sich zu verwirklichen.

»Shit!«

Ihr Blick ging zum Kleiderschrank. Ob sie noch eine zweite Aufnahme machen sollte? Eine, die sie der ersten anfügen konnte? Sie betrachtete alle Kleidungsstücke kritisch und merkte: Auf Anhieb fiel ihr nichts Gutes ein.

»Ach, egal!«, seufzte sie schließlich. »Ist ja mein erstes Video. Das versteht ja wohl jeder.«

Auf einmal huschte ihr Blick wie von selbst zu ihrer Gitarre. In diesem Moment stellte sich eine Erinnerung ein: Sie sah sich mit ihrer Mutter in diesem Zimmer stehen. Vor einigen Wochen, als Milla ihr klargemacht hatte, dass sie keine Gitarrenstunden mehr nehmen wolle.

»Ach, Milla«, hatte ihre Mutter geseufzt. »Wirklich? Das hatten wir doch schon mit dem Klavier und beim Ballett. Immer, wenn es schwierig wird, springst du ab. Zieh einfach mal was durch. Klemm dich dahinter. Gib dir mal so richtig Mühe.«

»Hab ich doch!«, war Millas Antwort gewesen. »Ich hab mich voll reingekniet. Aber ich will das nicht mehr!«

Und jetzt? Und hier? Milla riss sich vom Anblick der Gitarre los. »Quatsch! Das hier ist was völlig anderes.«

Sie setzte sich im Schneidersitz auf das Bett und bearbeitete in Windeseile den Start und den Schluss ihres Videos.

»Raus damit!«, murmelte sie, als die Flöhe, die sich vorhin in ihrem Bauch ein wenig beruhigt hatten, zu einer neuen Achterbahnfahrt ansetzten. »Ab damit ins World Wide Web!«

Sie klickte auf »Video hochladen« und schaute dem Balken zu, der den Stand des Uploads darstellte. »20%« war mit weißer Schrift auf dem blauen Balken zu lesen, dann »60%«, »90%« und schließlich: »Dein Video ist online!«

»Geil!« Milla hätte das Handy küssen können. Sie tanzte eine Runde mit dem Handy durch ihr Zimmer. »Endlich weiß ich, was ich machen möchte und was ich kann und was ich will und …«

»Willst du mehr Follower erreichen?«, erschien nun statt des blauen Balkens auf dem Display.

»Klar«, jubelte Milla und stoppte mit einem Mal ihr Freudentänzchen: Sie hatte noch gar nicht darüber nachgedacht, wie sie Follower gewinnen sollte. Sie hatte irgendwie geglaubt, das ginge von selbst.

Ein Angebot erschien: »Mit 10 Euro erreichst du 5.000 User, mit 20 Euro erreichst du 12.000 User, mit …«

»Das reicht erst einmal«, lachte Milla. »12.000 User ist ja wohl 'ne Menge.« Außerdem musste sie aufpassen, dass sie die Kreditkarte ihres Vaters nicht zu sehr belastete. Es würde ohnehin Ärger geben, wenn er bemerkte, dass Milla einfach darauf zugriff. Diesen Ärger wollte sie lieber nicht noch anstacheln.

»Ein Zwanziger ist ja wohl okay!«, sagte sie und klickte den verheißungsvollen Button.

4
Entsetzen im Blick

Milla konnte den Blick nicht mehr vom Display abwenden. Sie war hypnotisiert. Die Zeit floss an ihr vorbei. Ob es Minuten waren oder Stunden, die so an ihr vorübberglitten, hätte sie nicht sagen können.

Zunächst tat sich nichts. Auf dem Display war nur ihr Thumbnail zu sehen, also ein Beispielfoto aus der Aufnahme, das auf das Video hinwies, und darunter die Infos:

Viewer: 0 / Follower: 0 / Like: 0 / Dislike: 0.

Während sie wartete, betrachtete Milla eingehend ihr Thumbnail. Eine Haarsträhne hing ihr unglücklich über den Ohren und das nervte sie. Auch, dass man im Hintergrund noch die Fetzen von Janice Duvalls Poster sehen konnte, fand sie blöd. Eigentlich ärgerte sie alles an diesem Video. Sie war wütend über ... Ja, worüber eigentlich? Sie hätte ihr ganzes Zimmer zerlegen können vor Wut, aber sie konnte nicht sagen, warum. Sie hatte doch alles richtig gemacht. Und dennoch wirkte dieses Thumbnail nicht so auf sie wie die anderen, die sie auf der Plattform sehen konnte.

Oder täuschte sie sich vielleicht? Vielleicht hatte nur sie diesen Eindruck. Immerhin konnte man seine eigene Stimme in einer Aufnahme auch nicht leiden, obwohl alle anderen kein Problem damit haben. Auch auf ihren Ballettvideos von früher fand sie sich unausstehlich, während die ganze Familie von ihr begeistert war.

Also war dies vielleicht auch so ein Fall von »eigener Wahrnehmung« und ihr Thumbnail war gar nicht so übel, wie sie gerade dachte und …

Bewegung! Es kam Bewegung in die Sache.

Milla setzte sich auf und ignorierte Herzrasen und Bauchflöhe. Die Zahlen änderten sich:

Viewer: 3 / Follower: 0 / Like: 0 / Dislike: 1.

»He!« Nun ärgerte sich Milla erst recht. »Was soll das denn? Ein Dislike? Was …?«

Die Zahlen änderten sich erneut:

Viewer: 6 / Follower: 0 / Like: 0 / Dislike: 2.

Ihre Fingerspitzen bohrten sich in die Handinnenflächen, die Flöhe in ihrem Bauch überschlugen sich. Sie hätte am liebsten losgebrüllt. Sie fühlte sich regelrecht ohnmächtig und konnte nichts tun gegen das, was dort geschah. Oder besser: gegen das, was dort nicht geschah. »Boah, was soll denn das?«

Wieder aktualisierten sich die Zahlen:

Viewer: 14 / Follower: 0 / Like: 0 / Dislike: 6.

Es war, als würde Milla der Boden unter den Füßen weggezogen werden. »Aber …!«

Neue Zahlen:

Viewer: 30 / Follower: 0 / Like: 0 / Dislike: 10.

In Milla wütete es! »Neider!«, schrie sie die unsichtbaren Zuschauer in ihrem Handy an. »Ihr seid alle bloß neidisch und …«

Die Zahlen bewegten sich:

Viewer: 42 / Follower: 0 / Like: 0 / Dislike: 17.

In Milla drehte sich alles. »Was wollt ihr denn alle nur?« Als hätten die User sie gehört, erschienen unter dem Video die ersten Kommentare:

Boring!, war der erste.

Ist das Video ernst gemeint oder werden wir verarscht?, war der zweite.

Dann folgte ein dritter. Der Typ, der sich »Fritten-Fan2011« nannte, sparte nicht mit seiner Kritik:

Wenn ihr sehen wollt, wie man Videos auf keinen Fall drehen sollte, schaut euch das an: falsches Licht, langweiliges Setting, inhaltlich nicht vorbereitet, Haare nicht gemacht, die langweiligsten Klamotten, alles voll weird vorgetragen und dann auch noch ein Tipp, den sogar meine Großmutter langweilig gefunden hätte.

Milla schossen Tränen in die Augen, als der vierte Kommentar aufploppte: **Da weiß aber jemand ganz genau, wie man es nicht machen sollte!**, schrieb Fußballgott_2003.

Mit dem Erscheinen dieser Kommentare änderten sich auch die Zahlen:

Viewer: 69 / Follower: 3 / Like: 0 / Dislike: 29.

Darunter ploppten neue Kommentare auf:

Der-Weisheit-letzter-Schultz: **Folge ihr mal, um zu sehen, ob die Kacke hier so kacke bleibt!**

Girl_without_tattoo: **Das ist doch Satire, oder?**

Trine168: **Und der Name ist voll Fake: Milla#1 müsste eher heißen: Milla-letzter-Platz!**

Women_dont_cry: **Warum müssen die, die nix können, das immer der ganzen Welt zeigen?**

Viewer: 152 / Follower: 3 / Like: 0 / Dislike: 63.
Und schließlich erschien der Kommentar, der Milla richtig traf:

Ben_Martens_Hannover: **Mädel, geh kacken! Vielleicht kannst du das!**

Vor lauter Aufregung kratzte Milla mit den Fingernägeln über ihre Handinnenflächen. Das unangenehme Gefühl, das sie dabei spürte, besänftigte sie, wann immer sie eine schwierige Situation aushalten musste.

»Dafür hab ich mich so angestrengt?«, flüsterte Milla. »Dafür hab ich Papas Geld geklaut?«

Sie warf ihr Handy zur Seite. Ihr war danach, irgendwas zu zerschlagen oder zu zerreißen. Genau genommen ging es ihr schon wieder wie gestern, bloß dass die Wut in ihr noch stärker war und sie beinahe platzen ließ.

Endlich kamen die Tränen. Sie beugte sich vornüber, schloss die Augen und ließ die Tränen strömen. Die

Haare hingen ihr ins Gesicht, die Bettdecke wurde von den Tränen durchnässt und die Fingernägel gruben sich so sehr in ihre Handinnenflächen, dass es wehtat.

»Verdammt!«, fluchte sie. Vielleicht sollte sie einfach die Rollläden runterlassen, sich ins Bett legen und gar nicht mehr aufstehen.

»Die können mich doch alle mal! Die ... die ...« Ihr Blick ging zum Handy, das mit dem Display auf dem Kopfkissen gelandet war. Sollte sie noch einmal nachschauen?

Sie wagte es kaum, doch ihre zittrige Hand griff nach dem Handy. Sie drehte es um und erschrak:

Viewer: 354 / Follower: 3 / Like: 0 / Dislike: 122.

Noch immer liefen ihre Tränen über das Gesicht, sodass sie mit verschleiertem Blick die neuen Kommentare durchlas. Ohne dass sie es spürte, bohrten sich ihre Fingerspitzen der linken Hand in die Handinnenfläche, während die Finger ihrer rechten Hand über das Display schossen und ihren neuen Account löschten. Danach ließ sich Milla zur Seite fallen, zog die Beine an, umklammerte sie mit beiden Armen, schloss die Augen und blieb so liegen, bis sie ihre Eltern nach Hause kommen hörte. Sie sprang vom Bett und beeilte sich, ihr Zimmer aufzuräumen und sich selbst auch wiederherzurichten. Keinesfalls sollten ihre Eltern von dieser Katastrophe erfahren. Am liebsten wäre ihr gewesen, niemand hätte von alledem erfahren. Am liebsten hätte sie alles rückgängig gemacht. Am liebsten hätte sie ...

... aufgegeben.

5
Alles auf neu
||||||||||||||||||||||||||||||||||||||||||||||||||

Wie gerne hätte sie sich von ihren Eltern eine Entschuldigung schreiben lassen und wäre nicht zur Schule gegangen. Aber es wäre aufgefallen, wenn sie ausgerechnet nach ihrem gestrigen Reinfall zu Hause geblieben wäre. Dann hätte sie sich klar als Loserin geoutet, und das wollte sie auf keinen Fall.

Sie wollte aber auch nicht auf das Video von gestern angesprochen werden. So eilte sie mit gesenktem Kopf über den Schulhof Richtung Eingang. Sie tat, als sei sie tief in Gedanken, aber auch das war bestimmt auffällig. Denn es entsprach überhaupt nicht ihrer Art. Normalerweise stand sie immer mit ihren Freundinnen auf dem Hof neben der riesigen Eiche. Zum Lästern, zum Quatschen, zum Austauschen.

Aber heute – nein, heute lieber nicht.

»Milla!« Das war Kathys Stimme. »Hey, Milla!«

Milla hielt den Kopf gesenkt und tat, als habe sie nichts gehört. Da erklang Kathys Stimme noch einmal: »Mensch, Milla. Bist du noch nicht online?«

So schnell es ging, hechtete Milla durch die Schultür. »Noch nicht online?« Wie war das gemeint? Sollte das heißen, dass sie noch nicht ganz wach war? Oder war das eine Anspielung auf ihr Video gestern?

»Fuck!«, entfuhr es Milla, als ein »Muss das sein?« sie aus den Gedanken riss.

Herr Eisenstein, einer der Sportlehrer an der Schule, blickte Milla scharf an. »Ist diese Ausdrucksweise nötig?«, herrschte er Milla an.

»Entschuldigung, Herr Eisenstein«, gab Milla zurück.

Herr Eisenstein blickte sie nachdenklich an. Gerade so, als wolle er prüfen, ob die Entschuldigung auch wirklich ernst gemeint war. Schließlich murmelte er: »Schon in Ordnung«, und ging seiner Wege.

Vor der Klassenzimmertür spürte Milla, wie alles in ihr sich dagegen wehrte hineinzugehen. Zitternd griff sie nach der Türklinke. Die anderen aus ihrer Klasse saßen in Gruppen an ihren Tischen, aßen was, spielten sich gegenseitig Musik aus ihren Smartphones vor oder schrieben noch schnell die Hausaufgaben für heute ab. Also alles völlig normal für die letzten Minuten vor dem Unterrichtsbeginn. Milla trat ein. Kaum jemand bemerkte sie. Paul nickte ihr zur Begrüßung zu, aber auch das war völlig normal. Er nickte ihr immer zu. Jeden Morgen. Kathy und Lia waren sicher, dass er was von Milla wollte.

»So, wie der dich immer anguckt«, hatte Kathy neulich auf dem Schulhof gesagt und Lia hatte ergänzt: »Und so, wie der immer nicht spricht, wenn du den Raum betrittst.«

Kathy hatte gelacht: »Der ist wohl schüchtern.«

»Dann musst du ihn ansprechen, Milla«, hatte Lia vorgeschlagen.

Doch Milla hatte schnell lachend abgewunken. »Ganz bestimmt nicht. Der ist gar nicht mein Typ.«

Dabei wusste Milla gar nicht, wer ihr Typ war. Johnny vielleicht. Klar: Johnny Wear. Der hatte was.

Vor allem geile Followerzahlen, wiederholte sich die Stimme in ihrem Kopf und diese Erkenntnis traf sie wie ein plötzlicher PC-Absturz. Denn sie erinnerte Milla an ihre eigene Katastrophe gestern. Eine Katastrophe allerdings, die anscheinend niemand in ihrer Klasse mitbekommen hatte. Niemand außer vielleicht Kathy mit ihrem Spruch vorhin. Und da kamen ihre Freundinnen auch schon in die Klasse. »Mensch, Milla! Wo bist du denn so schnell hin verschwunden? Bist du jetzt vollkommen durch, oder was?«, fragte Kathy, während sie auf dem Tisch vor Milla Platz nahm.

Milla suchte fieberhaft nach einer Antwort. Warum hatte sie sich auch nichts zurechtgelegt auf dem Weg ins Klassenzimmer? Doch bevor sie etwas sagen konnte, mischte sich Lia mit ein, die sich direkt neben sie setzte: »Hast du gar nicht geschlafen heute Nacht?«

»Wir haben dich auf dem Schulhof vorhin gerufen und du hast uns nicht gehört.«

Milla atmete aus. »Ach, das meint ihr. Nee. Tatsächlich: Richtig schlechte Nacht gehabt. Bin total fertig.«

»Also noch nicht richtig online, was?«, lachte Lia. »Hast du deine innere Festplatte noch nicht hochgefahren? Brauchst du auch erst mal nicht. Wir haben jetzt eh nur Erdkunde. Du musst also gar nicht mehr online gehen. Bleib offline und schlaf dich aus.«

Als Milla am Mittag nach Hause kam, wirkte das Haus leerer als an anderen Tagen. Auf der Anrichte stand ihr

Essen, von ihrer Mutter so vorbereitet, dass Milla die Schüssel nur in die Mikrowelle hätte stellen müssen. Doch stattdessen ging sie daran vorbei, öffnete die Kühlschranktür, zog eine Tafel Schokolade heraus, zerriss die Verpackung und biss ohne Lust hinein.

In Gedanken ging sie alles noch einmal durch. Eigentlich hatte ihr das Aufnehmen des Videos schon Spaß gemacht. Eigentlich war sie auch sicher, dass sie das konnte.

»Eigentlich«, flüsterte sie und rief sich noch einmal die Kommentare ins Gedächtnis, die sie gestern gelesen hatte. Für einen Moment musste sie sogar an ihren ersten Kontakt mit *Pop-U-up* denken, als sie selbst beinahe einen bissigen Kommentar hinterlassen hatte. Bei diesem Jungen mit seinem gebastelten Schwan.

»Aber das ist ganz was anderes«, flüsterte sie sich zu. »Denn … denn …« Eine Erklärung wollte ihr nicht einfallen und so verwarf sie den Gedanken. Es ging jetzt schließlich um ihren Account und um die Kommentare, die sie erhalten hatte.

Vor allem den einen Kommentar kannte sie auswendig. Den von Fritten-Fan2011: »Falsches Licht, langweiliges Setting, inhaltlich nicht vorbereitet, Haare nicht gemacht, die langweiligsten Klamotten, alles voll weird vorgetragen und dann auch noch ein Tipp, den sogar meine Großmutter langweilig gefunden hätte.«

Gestern hatten diese Worte nur Wut und Enttäuschung in ihr hervorgerufen. Aber jetzt war sie bereit, den Kommentar wie eine To-do-Liste zu betrachten.

Milla rannte nach oben in ihr Zimmer. Sie schaltete die Deckenlampe ein und schaute sich den Raum an.

»Zu dunkel«, stellte sie fest, was sie aber nicht verwunderte. Allerdings verglich sie die jetzigen Gegebenheiten nicht nur mit ihren Vorbereitungen des vergangenen Tages, sondern vor allem mit den unzähligen Videos, die sie gestern vor dem Einschlafen noch auf *Pop-U-up* angeschaut hatte. Dabei hatte irgendwann auch sie ein Gespür dafür entwickelt, was die richtige Ausleuchtung für ein Video bedeutete.

Sie stellte die Schreibtischlampe in die Zimmermitte und schaltete auch sie ein.

»Immer noch zu dunkel«, knurrte sie.

Also lief sie nach unten und schleppte den Deckenfluter aus dem Wohnzimmer nach oben. Mit viel Mühe legte sie ihn quer über den Schreibtisch. Das lange Teil wollte sich aber nicht einkeilen lassen. Immer wieder rollte die Lampe aus ihrer Position. Es brauchte einige Kissen und einige Flüche von Milla, bis das Licht endlich so in die Zimmermitte schien, wie sie es sich wünschte.

»So, Thema Licht ist abgehandelt.« Milla wischte sich den Schweiß von der Stirn und machte sich daran, die Fetzen des Posters an der Wand abzuziehen. Die leere Wand verkleidete sie mit einem ihrer ältesten Shirts, das sie noch besaß. Vorn war ein Hamstergesicht zu sehen. Früher hatte sie das witzig gefunden, jetzt nur noch peinlich. Aber sie hatte es bisher auch nicht geschafft, sich von diesem Shirt zu trennen.

»Zum Glück«, lachte Milla jetzt. »Denn du passt doch prima zu dem Laufrad-Hamster bei *Pop-U-up.*« Gerade fühlte sie sich wie eine echte Künstlerin.

Der nächste Weg führte sie ins Bad und dort vor den

Spiegel. »So, jetzt bin ich dran«, sagte sie und ließ den Kopf ins Waschbecken hängen. Sie wusch sich die Haare und föhnte sie extralange über Kopf, um mehr Volumen zu bekommen. Darin war sie geübt. Was ihr schwerer fiel, war der Umgang mit dem Kajal ihrer Mutter. Milla schminkte sich nicht oft. Sie brauchte gefühlt Stunden, um einen perfekten schwarzen Lidstrich zu ziehen. Das Schwierigste dabei war, die vor Aufregung zittrige Hand in den Griff zu bekommen. Doch irgendwann hatte sie es geschafft und musste nur noch Rouge auftragen. Das ging in Sekundenschnelle.

Der Blick in den Spiegel tat ihr richtig gut. Ja, sie fand auch, dass sie hübsch aussah. »Kein Wunder also, dass sich Paul in mich verknallt hat«, kicherte sie und spürte, wie sie den Spaß an ihrem Projekt zurückgewann. Ja, das alles hier, das konnte sie. Sie musste es nur richtig angehen. Das hatte ihre Mutter wohl gemeint, als sie damals gesagt hatte: »Klemm dich mal dahinter. Gib dir doch mal so richtig Mühe.«

Noch einmal ging Milla den Kommentar dieses Fritten-Fans durch. »Jetzt fehlen nur noch Klamotten und Vorbereitung. Hmmm … Lass mal sehen.«

Sie stellte sich vor den Kleiderschrank und tippte mit dem Zeigefinger die verschiedensten Kleidungsstücke an. Natürlich hätte sie zu fast jedem sagen können, aus welchem Laden es war und was es in etwa gekostet hatte. Aber interessierte sich wirklich jemand dafür?

»Ihr wollt doch was Neues sehen, richtig?«, grübelte Milla. »Ihr wollt …«

Ihr Blick fiel auf das oberste Regalbrett im Schrank und

dort auf ein Shirt, das sie nur zu ganz bestimmten Anlässen trug. Sie spürte augenblicklich ein Kribbeln im Bauch und wusste, dass dieses Shirt die Lösung war. Nur welche?

»Jetzt hab ich's!«, schrie sie und fühlte eine Begeisterung in sich, wie Albert Einstein sie empfunden haben musste, als er die Relativitätstheorie begründet hatte. »Ihr werdet staunen!«

Sie zog das Shirt vorsichtig aus dem Stapel Wäsche hervor und rannte in das Schlafzimmer ihrer Eltern, wo sie aus dem Stapel T-Shirts ihrer Mutter ebenfalls ein ganz besonderes heraussuchte.

In ihrem Zimmer war die Luft erdrückend. Die vielen Lampen heizten das Zimmer auf. Milla achtete nicht darauf, sondern öffnete ihr Handy und kam ins Staunen, als sie ihre Seite von *Pop-U-up* aufrief. Obwohl sie ihren Account gestern gelöscht hatte, erinnerte sich das Programm noch an sie.

»Hallo, Milla#1, möchtest du deinen Account reaktivieren? Dein Guthaben besteht noch für ein Jahr.«

»Boah, Glück gehabt!« Milla atmete hörbar aus. »Ich muss also nicht noch mal alles neu einrichten. Ich kann einfach dranbleiben. Oh …«

Dranbleiben, das Wort, das ihre Mutter immer wieder benutzte: »Versuch doch mal, an etwas dranzubleiben, Milla«, hatte sie stets gesagt, wenn Milla wieder eines ihrer neuen Hobbys aufgeben wollte.

»Dranbleiben«, flüsterte Milla jetzt. »Okay, das mach ich also. Ich bleibe dran. Der Account besteht. Ich muss ihn nur weiter betreiben.«

Ein Gedanke drängte sich ihr auf: Hatte sie sich gestern nach ihrer Anmeldung vielleicht für ein Jahr verpflichtet, als sie die zwanzig Euro bezahlt hatte? War dieses Geld vielleicht nicht nur zur Erhöhung der Reichweite gedacht, sondern auch für eine Art monatliche Premium-Mitgliedschaft? Und was könnte das nach sich ziehen! Shit! Hoffentlich gibt das keinen Ärger!, dachte sie und spürte, dass sie vielleicht doch die Konditionen hätte lesen sollen.

Jetzt allerdings beschloss sie, diesen Gedanken weit nach hinten zu schieben, um sich in ihrem Flow nicht aufhalten zu lassen.

Sie klickte rasch auf »Reaktivieren« und hatte Panik davor, weitere Kommentare zu ihrem Auftritt lesen zu müssen. Doch ihr erstes Video war weiterhin gelöscht und weder die Kommentare noch die Followerzahlen waren zu sehen. Alles stand auf null.

»Also: Neustart«, flüsterte Milla. Sie nahm das Handy und stellte es erneut gegen die Lampe auf dem Schreibtisch. Sie verschob es so, dass die Kamera die Zimmermitte erfasste. Allerdings ließ sich Milla dieses Mal etwas mehr Zeit. Ihr fiel auf, dass es einen erheblichen Unterschied machte, wenn man das Handy auch nur für wenige Millimeter drehte. Mal erschien der Raum heller und wärmer, mal etwas kälter oder etwas dunkler. Milla experimentierte einige Zeit herum, bis sie die beste Position erreicht hatte.

»So! Action!«, rief sie aus und stellte sich in die Zimmermitte. »Ruhe bewahren«, befahl sie sich. Sie schloss erst noch einmal die Augen, um sich zu sammeln. Sie dachte über das nach, was sie sagen wollte. Das kannte sie von den Klaviervorspielen – je besser sie sich vor den Auftritten auf das bevorstehende Spiel konzentriert hatte, desto besser lief das Stück. »Positive Suggestion« hatte das ihre Klavierlehrerin genannt und sie war schon manches Mal völlig genervt davon gewesen. Schließlich fühlte sie sich vorbereitet. Sie öffnete die Augen, beugte sich zu ihrem Handy vor, zögerte kurz mit dem Zeigefinger in der Luft, bevor sie dieses Mal auf »Livestream« klickte.

6
Willkommen bei Milla

‖‖

»Hey, willkommen bei Milla«, rief sie gut gelaunt in die Kamera und flötete dann den Begrüßungsspruch heraus, den sie sich am Abend zuvor zurechtgelegt hatte: »Wenn du denkst, du kennst schon alles, dann hast du dich getäuscht. Denn du kennst mich noch nicht. Hier ist jeder willkommen, der sich für Fashion und Klamotten interessiert. Ich gebe zu, dass ich diesen Stream nicht angekündigt habe, deshalb denke ich mal, dass sich erst einmal sehr wenige Leute reinklicken. Aber lasst mich das erklären.«

Milla schaute zu dem Balken an der unteren Seite:

Viewer: 2 / Follower: 0 / Like: 0 / Dislike: 0.

Ja, sie wollte sich erklären. Johnny hatte sich auch getraut.

»Das hier ist mein erster Livestream und ich bin echt aufgeregt.«

Viewer: 4 / Follower: 0 / Like: 0 / Dislike: 0.

»Aber ich glaube schon, dass ich euch was Neues erzählen kann.«

Viewer: 6 / Follower: 0 / Like: 1 / Dislike: 0.

Ihr erster Like!

Mein erster Like, schoss es ihr in den Kopf. Ihre Ehrlichkeit kam also an? Sie fühlte sich beflügelt und machte in diesem Stil weiter: »Es gibt so viele Accounts auf dieser Plattform, die euch was von Klamotten erzählen. Meistens geht es dabei um neue Klamotten: Wo man sie kauft und wie man sie trägt und was man dabei beachten sollte oder wie man beim Shoppen am besten sparen kann. Ich will euch aber was anderes erzählen. Seid ihr bereit?«

Wieder der Blick zum unteren Rand: **Viewer: 12 / Follower: 0 / Like: 1 / Dislike: 0**, doch gerade, als Milla weitersprechen wollte, änderte sich die Zahl der Likes auf drei. Ihr wurde klar, die Zuschauer wollten direkt angesprochen werden.

Und tatsächlich, die Kommentarspalte klappte auf:

Na, du machst es ja spannend, schrieb die Userin anne-wie-kanne-ohne-k und eine andere ergänzte: **Nice. Mach mal!**

In Milla schäumten die Gefühle über. Sie beschloss, das auch zu sagen: »Hey, danke für die Kommentare. Das hilft mir mit meinem Lampenfieber.«

Viewer: 19 / Follower: 2 / Like: 3 / Dislike: 0, aktualisierte sich die Anzeige nach wenigen Sekunden. Es folgten weitere Kommentare: **Lass hören.**

Hau raus!

Milla lächelte und beschloss, jetzt in die Vollen zu gehen: »Ich möchte euch die Geschichte hinter den Klamotten erzählen«, verriet sie und schaute fieberhaft nach den Zahlen:

Viewer: 26 / Follower: 4 / Like: 5 / Dislike: 0.

Also machte sie weiter: »Ihr kennt das doch auch, dass es Kleidungsstücke gibt, an denen ihr total hängt. Meistens gibt es dafür einen besonderen Grund.«

Viewer: 37 / Follower: 4 / Like: 7 / Dislike: 0.

Sie hielt das Shirt in die Höhe, das sie aus dem oberen Regal ihres Schranks gefischt hatte. Es war grau und ein Igel prangte darauf, der im Begriff war, gleich einzuschlafen.

»Mal ehrlich«, lachte Milla in die Kamera. »Würdet ihr so was noch anziehen? Also, in unserem Alter? Das sieht doch wie ein Shirt für Kinder aus, oder? Das ist es auch. Ich hab es bekommen, da war ich zehn Jahre alt, aber es passt mir heute noch. Und hey: Ganz selten ziehe ich es auch an. Und zwar immer dann, wenn mein Großvater mir fehlt. Denn er hat es mir geschenkt. Zu Weihnachten. Es ist das letzte Geschenk gewesen, bevor er gestorben ist. Versteht ihr? Immer, wenn ich mich ihm nahe fühlen will, trage ich dieses Shirt. Manchmal möchte ich es den ganzen Tag anhaben und geh damit dann sogar durch die Stadt. An solchen Tagen ist es mir auch egal, wie die Leute gucken. Denn ich bin mit meinem Opa unterwegs. Mit meinem Opa, der schon vor vielen Jahren gestorben ist. Versteht ihr, was ich meine?«

Die Antwort kam in Form von Klickzahlen. Milla riss die Augen auf, als die Zahlen plötzlich nach oben schossen, bis **Viewer: 46 / Follower: 13 / Like: 11 / Dislike: 0** zu lesen war.

Leider konnte sie die Kommentare nicht gleichzeitig lesen. Doch die vielen Smileys und Herzchen-Icons zeigten ihr, dass sie auf dem richtigen Weg war.

Ihre Idee kam an. Ihre Geschichte kam an. *Sie* kam an. Milla wurde gemocht. Hier und jetzt!

Ihre Viewer dachten bestimmt, sie sei von ihrer eigenen Geschichte gerührt, denn ihrer Stimme hörte man die Ergriffenheit an. Tatsächlich war es so, dass die Zahlen ihr Herz berührten. Und natürlich die Erinnerung an ihren Großvater, den sie so sehr geliebt hatte.

Alles. Alles, was gerade in dieser Sekunde geschah, war wie ein Milla-Universum. Eines, das aus Gefühlen und Zahlen bestand. Zahlen, die weiterhin nach oben schnellten: **Viewer: 60 / Follower: 17 / Like: 18 / Dislike: 0.**

Also hob sie das zweite Shirt in die Höhe. »Hier seht ihr ein Shirt, das ich aus dem Schrank meiner Mutter gezogen habe. Es ist ein ganz normales Micky-&-Minni-Shirt, wie es viele von euch auch im Schrank haben und wahrscheinlich als Nachtshirt benutzen, oder?«

Viewer: 83 / Follower: 19 / Like: 27 / Dislike: 0.

»Aber könnt ihr erkennen, was hier anders ist als bei euren Shirts? Seht ihr's?«

Sie hielt das Shirt näher an ihr Handy und blickte auf die Zahlen: **Viewer: 87 / Follower: 19 / Like: 29 / Dislike: 0.**

Die Kommentare ploppten auf: **Da ist was gekritzelt,** schrieb Wolkenmaus13.

Und WorkingMum bestätigte: **Da steht was auf dem Herz zwischen den beiden.**

Wolle-Rolle fragte: **Hast du da was draufgeschrieben?**

Milla las einige der Kommentare vor und sagte schließlich: »Ja, ihr habt recht, da stehen Buchstaben im Herz. Ein M für mich, Milla. Und ein M für Mama. Diese Buchstaben hab ich mit einem Textilschreiber hineingeschrieben, denn diese Stifte halten mehrere Wäschen durch. Dann hab ich ihr das Shirt vor zwei Jahren zum Muttertag geschenkt und sie trägt es immer an ihrem Geburtstag und am Muttertag. Schön, oder?«

Die Zahlen gaben ihr Antwort: **Viewer: 101 / Follower: 25 / Like: 34 / Dislike: 0.**

Die Kommentare ploppten auf und zeigten wieder Herzchen und lächelnde Emojis.

Milla war völlig gerührt. So sehr, dass sie kaum noch ein Wort herausbrachte. Aber natürlich wusste sie, dass sie sich verabschieden musste.

»So, und das war's auch schon. Ich danke euch für's Zuschauen und für eure Kommentare und für die Likes und … Hach, danke halt! Mir hat das viel Spaß gemacht. Bis bald.«

Sie winkte noch in die Kamera, dann beugte sie sich vor, stoppte die Aufnahme und musste sich an der Stuhllehne festhalten. Ihr wurde schwindelig vor Glück und Aufregung. Doch auch jetzt noch, während sich alles um sie herumdrehte, hielt sie den Blick auf das Display gerichtet, wo sich die Likes erhöhten und wo viele zustimmende Kommentare aufploppten von Leuten, die sich bedankten, sie lobten und sie, Milla, einfach nur toll fanden.

7

Anerkennung in den Blicken

Der nächste Tag in der Schule war gigantisch. Milla wurde schon vor dem Schulhof angesprochen.

»Hey, ich hab dich gestern gesehen. Wow!«

»Ich dich auch!«

»Coole Sache, Milla. Nicht schlecht.«

»Hab dich abonniert!«

»Ich folge dir. Hast du's gesehen? Würde mich freuen, wenn du zurückfolgst.«

Zum größten Teil waren es Leute, die Milla kannte. Doch es waren auch welche darunter, die Milla noch nie wahrgenommen hatte und die ihr nun zunickten, die einen kurzen Satz für sie übrig hatten oder die sie einfach nur anstarrten. Mädchen und Jungs gleichermaßen.

Milla genoss vor allem die unbekannten Blicke, die sie bis zur Schultür und auch noch die Treppe hinauf zu ihrem Klassenraum begleiteten.

67! Das war die Zahl des Tages. Das war die Followerzahl, die Milla am Morgen entgegengeleuchtet hatte. 67! Es waren also über Nacht noch sehr viele Follower hinzugekommen. Sehr, sehr viele! Mehr als das Doppelte an Leuten, die sich gestern Abend eingeklickt hatten. Natürlich hätte Milla gerne 100 Follower erreicht. Aber egal: Sie war beliebt!

Auch die Zahl der Viewer hatte sich erhöht. Statt 101 am Abend hatte die Anzeige vorhin auf 151 gestanden. Und es regnete Likes. 56 waren es nun. 56!

»Wahnsinn!«, flüsterte Milla und vermutete, dass sich Johnny Wear genau so gefühlt haben musste, als er an dem Morgen nach dem Stream mit der Bronco-Geschichte aufgewacht war und seine Zahlen gesehen hatte.

»Unglaublich.« Milla fragte sich, ob sie jetzt wohl schon berühmt war. In derselben Sekunde öffnete sie erneut ihr Handy, um erneut auf die Zahlen zu schauen, als neben ihr eine Stimme erklang.

»Ich war's!«, strahlte Kathy ihr entgegen, als Milla in ihren Klassenraum eintrat. »Ich!«

»Was?«

»Ich hab sie alle informiert«, erklärte Kathy. »Erst war ich überrascht, als ich gesehen habe, dass du einen eigenen Account hast und live gehst. Dann hatte ich Sorge, dass du dich vielleicht blamieren könntest. Aber, ey! Ich hab sofort gesehen, dass es klasse ist, was du da tust, und hab's an alle meine Kontakte geschickt. Ich hab allen gesagt, sie sollen es verbreiten. Alle lieben deinen Account.«

Im Hintergrund erkannte Milla, dass Paul den Daumen in die Höhe streckte und sie wieder einmal völlig begeistert ansah. Oder besser: anhimmelte … Oder noch besser: anschmachtete. Sie konnte erkennen, wie gern er zu ihr herübergelaufen wäre, um ihr zu gratulieren. Doch dazu fehlte ihm wohl der Mut.

Milla lächelte zurück und nickte ihm dankbar zu. Woraufhin Paul schnell so tat, als müsse er mit Justin etwas besprechen.

»Ist aber auch 'ne super Idee«, kam Sevçan auf die beiden zu. Milla erstarrte.

Ausgerechnet Sevçan! Sie war mit Abstand das hübscheste Mädchen der Klasse. Vielleicht sogar der ganzen Klassenstufe. Und vor allem hatte Sevçan ein unglaubliches Gespür für Styling. Sie wurde von allen Mädchen darum beneidet, wie sie ihrem Aussehen immer einen extra Kick verpasste. Mal war es ein kräftiger Kajalunterstrich an den Augenrändern, der zum Gürtel auf dem Kleid passte. Oder nur der eine modellierte Fingernagel, auf dem das Markenlogo des Shirts prangte, das sie trug. Immer hatte sie diesen einen Hingucker, dieses eine Highlight an sich, das Milla von niemandem sonst kannte.

Wenn sie sich von irgendjemandem in der Schule einen Account mit Tipps zu Styling und Beauty hätte wünschen können, dann wäre es Sevçan gewesen.

Und nun kam gerade sie auf Milla zu und lobte sie?

»Einfach nur top!«, sagte Sevçan und tippte Milla auf die Schulter. »Geile Idee, Klamotten mit eigenen Geschichten zu kombinieren. Ich hab nach deinem Stream gestern bestimmt eine Stunde vor meinem Schrank gestanden und überlegt, zu welchen Klamotten mir wohl Geschichten einfallen würden. Da hast du mich echt berührt.«

Sevçan drehte sich um und ging zurück zur Fensterbank, wo sie von ihrer Clique sofort wieder verschluckt wurde. Milla starrte ihr hinterher. Sie musste Sevçans

Worte erst einmal verdauen und in ihrem Kopf sortieren. Sie hatte Sevçan berührt? Sie hatte Sevçan zum Grübeln gebracht? Milla wäre am liebsten …

Da wurde sie unterbrochen. Lia trat von hinten an sie heran und fragte: »Was machst du beim nächsten Mal? Wann kommt der nächste Stream?«

Milla erstarrte. Es war, als hätte jemand für einen Moment die Welt angehalten.

Nächstes Mal?

Sie war noch dabei, den Erfolg des letzten Streams zu genießen, und hatte sich noch keinerlei Gedanken um zukünftige Aufnahmen gemacht.

Zumindest hatte sie sich dagegen gesträubt, diese Frage in sich aufkommen zu lassen. Viel wichtiger war es ihr erst einmal, die hohen Followerzahlen und die Anerkennung zu genießen, die ihr Stream ihr eingebracht hatten.

»O ja!«, stimmte plötzlich Nala mit ein. Sie saß direkt vor Lia und galt als die Schweigsame in der Klasse. Ausgerechnet sie bat nun darum, eingeweiht zu werden? »Verrätst du uns deine nächsten Schritte?«, fügte sie an und gab Milla damit das Stichwort, um sich aus diesem Druck zu befreien.

»Natürlich nicht«, war ihre Antwort. »Ich will euch doch die Spannung nicht vermiesen.«

Die anderen lachten, verzogen die Augenbrauen oder stießen Milla freundschaftlich in die Seite. Milla spürte, dass sie das Richtige gesagt hatte, aber es fühlte sich nicht richtig an.

Grübelnd setzte sie sich an ihren Platz und mit einem

Mal blendete sie das ganze Umfeld um sich herum aus. Sie nahm keine Blicke mehr wahr, sie hörte keine Geräusche mehr. Ja, selbst das Auftauchen von Herrn Gastringer, dem Geschichtslehrer, registrierte sie nur am Rande. In ihrem Kopf kreiste ein einziger Gedanke. Eine einzige Frage. Eine einzige Sorge: Wie sollte es weitergehen mit ihrem Account?

Am Nachmittag stellte sie sich vor ihren offenen Kleiderschrank. Mal flogen ihre Blicke über alle Kleidungsstücke hinweg, mal sah sie sich einige sehr intensiv und nachdenklich an, aber zu keinem einzigen fiel ihr etwas ein, das zu ihrem letzten Stream passen könnte.

Also rannte sie zum Kleiderschrank ihrer Mutter und war dankbar für die Leere im Haus, die ihr sonst manchmal zusetzte, wenn sie aus der Schule kam. Auch ihr Schrank war gut gefüllt, doch kein einziges Kleidungsstück brachte Milla auf einen brauchbaren Gedanken. Sie durchforstete den Schuhschrank im Flur, doch auch das war vergebens.

Dann jedoch keimte in ihr eine ganz andere Idee auf: Musste denn alles genau so passiert sein? Sie könnte ja irgendwelche Geschichten zu irgendwelchen Klamotten erfinden. Wer sollte ihr das nachweisen? So gut wusste ja niemand über sie Bescheid, dass auffallen würde, wenn sie die ein oder andere Episode aus ihrem Leben übertrieb.

Mit diesem Hintergedanken stellte sie sich noch einmal vor die Kleiderschränke. Sie tastete sich mit den Händen durch die gesamte Kleidung in den Regalen und an den Stangen. Erst ging sie den Schrank ihrer Mutter ab, dann ihren eigenen. Doch noch immer wollte ihr nichts Spektakuläres einfallen. Sie dachte daran, ihren Zuschauern was von einem ersten Kuss vorzulügen und dazu eines ihrer Lieblingsshirts zu zeigen. Aber das wäre Milla unangenehm gewesen. Sie wurde noch nie in ihrem Leben geküsst und wollte nicht, dass ihr erster Kuss ein gefakter war.

Und was wäre, wenn ihre Mutter dieses Video einmal sehen würde? Bestimmt würde sie Milla fragen, warum sie ihr nie von diesem Jungen erzählt hätte.

Sie ließ ihre Finger über die Kleidungsstücke streifen. Klassenausflug? Fahrradsturz? Autounfall? Wiedersehen nach Jahren? Wildschweinbegegnung im Wald?

Sie ließ von dem Schrank ab. Enttäuschung überflutete sie. Das war doch alles idiotisch! Wer sollte sich für so was interessieren? Dennoch brauchte sie etwas, um ihre Follower zu begeistern und zu unterhalten. Und zwar jetzt und hier!

Ihre Gedanken schweiften zu Johnny ab. Milla nahm ihr Handy hervor, rief die *Pop-U-up*-Seite auf und schaute auf die vielen Thumbnails, auf denen Johnny Wear zu sehen war und über die man seine früheren Streams als Videos aufrufen konnte.

»Na, du hast es leicht!«, schnauzte sie Johnny auf einem der Thumbnails an. »Du musst dir nur Klamotten besorgen und losquatschen. Du hast nicht den Druck, irgendwelche tiefgründigen Geschichten zu erzählen. Du redest halt einfach nur drauflos.«

Dann stutzte sie und führte ihr Handy so nahe ans Gesicht, dass sie glaubte, Johnny direkt in die Augen schauen zu können. »Oder spielst du etwa mit uns?«, fragte sie ihn ganz offen. Kathy hatte ihr beiläufig erzählt, dass Leute wie Johnny die Kleidung, die sie präsentierten, nicht mehr selbst kaufen mussten.

»Nee, Milla. Die Labels melden sich dann bei diesen Leuten und schicken ihnen die neuesten Klamotten zu. Johnny muss dann nur noch präsentieren. Und ehrlich, ey: Wenn du so weit bist, also, wenn du das geschafft hast, dann bist du eine echte Größe.«

Gleich mehrere Gedanken schossen Milla jetzt durch den Kopf. Da war der letzte Satz, den sie von Kathy noch in Erinnerung hatte: »Wenn du so weit bist …«

Schon in dem Gespräch neulich war Milla klar geworden, dass das ihr Ziel war, das sie erreichen wollte: Berühmte Marken sollten sie anfragen und ihr Klamotten schicken und sie unterstützen. Doch der zweite Gedanke, der sie beschäftigte, war ebenso wichtig: Johnny erzählte nicht die Wahrheit. Er berichtete zwar von seinen Einkaufserlebnissen. Dabei brauchte er wohl nur die Pakete zu öffnen, die ihm von den Firmen zugeschickt wurden. Er inszenierte das alles! Ganz sicher. Wahrscheinlich stimmte nicht mal diese Bronco-Geschichte oder sie war nur zur Hälfte wahr.

Johnny war fake! Das wurde Milla jetzt klar. Und wenn er die Wahrheit zu seinen Gunsten verdrehte …

8

Gewissensbisse in der

‖‖‖

Umkleidekabine

‖‖‖

Das hier war einer der angesagtesten Läden in der Stadt. Alle in der Schule, die was auf sich hielten, sahen zu, dass sie immer wieder mal Kleidungsstücke trugen, auf denen das Label zu sehen war: F/J. Das Besondere an der Marke war, dass die Firma ihr Logo nicht riesig groß auf das Shirt drucken ließ oder, wie man das sonst kannte, auf die Stelle über dem Herzen. F/J setzten ihr Logo auf einen der Ärmel. Bei T-Shirts kurz vor dem Bündchen, bei Sweatshirts an die Stelle über dem linken Oberarm oder aber am unteren Bündchen. Das Label war stets sehr klein gehalten, doch es fiel sofort auf, wenn man Kleidung dieser Marke trug. Denn die Buchstaben F/J waren sehr hell, manchmal sogar in Neongelb, auf die sonst eher unifarbenen Shirts gedruckt.

Milla griff nach den Scheinen in ihrer Hosentasche. Vorhin hatte sie ihre Taschengeldkassette geöffnet, die sich in ihrer Schreibtischschublade befand. In dem Kästchen waren allerdings nur noch 120 Euro. Jetzt steckte dieses Geld in Millas Hosentasche und sie war gespannt, was sie dafür in dem Laden finden würde.

Sie wusste natürlich, dass sie für ihren Plan mindestens drei Kleidungsstücke brauchen würde. Das konnte schwierig werden.

»Siehst du dich um oder kann ich helfen?« Die freundliche Stimme der Kassiererin riss Milla aus ihren Gedanken.

Sie drehte sich zu ihr und blickte in ein freundliches Gesicht mit einem Nasenpiercing und einem sehr offenen Lächeln. Sie trug natürlich Kleidung der Marke F/J, die wie für sie gemacht schien. Sie hatte Hose und Shirt sehr passend zusammengestellt. Sogar die neonfarbenen Turnschuhe an ihren Füßen passten perfekt.

»Kann ich etwas für dich tun?«, fragte die Verkäuferin erneut geduldig.

»Ja, schenken Sie mir Ihre Klamotten!«, hätte Milla am liebsten gesagt. Stattdessen meinte sie nur: »Äh, nein. Noch nicht, ich schau mich nur um.«

Die Verkäuferin nickte. »Gib Bescheid, wenn ich helfen kann, ja? Mein Name ist Danny. Ruf einfach nach mir, wenn du mich brauchst, okay?« Damit ging sie davon.

Milla schaute ihr nach und begab sich auf die Suche nach dem Shirt und der Hose, die Danny gerade trug. Sie fand auch beide Teile recht schnell, doch als sie die Preise sah, erschrak sie. Beide Stücke zusammen würden Milla über 320 Euro kosten.

Sie atmete entsetzt aus. Nicht einmal eines der beiden Stücke würde sie bezahlen können.

In einer Ecke neben den Umkleidekabinen entdeckte Milla das Schild »Sale« und darunter zwei lange Reihen Kleiderständer mit der Mode der letzten Saison, die deshalb im Preis massiv herabgesetzt war. Unter dem Wort

»Sale« stand »30%–50%–70%« geschrieben und Milla schöpfte Hoffnung. Sie ging darauf zu und sah sich ein Stück nach dem anderen an. Dabei schossen ihr fast die Tränen in die Augen. Dieses eine Shirt mit dem Wasserfallausschnitt hatte sie schon an Sevçan gesehen, die Hose im Stil der 90er-Jahre an Lia und das Shirt mit dem gerafften Ausschnitt an Nala. Hiermit würde sie nichts anfangen können. Nichts davon konnte sie in ihrem Livestream anpreisen.

»Kann ich dir wirklich nicht helfen?«

Milla wandte sich um und starrte wieder in das Lächeln der Verkäuferin, das allmählich nervte. Diese Danny lächelte hier munter herum, während für Milla gerade die Welt zusammenbrach.

»Na ja, ich …« Was sollte Milla sagen? Sie wollte nicht zugeben, dass alles in diesem ganzen Raum entweder zu teuer für sie war, bis auf die Socken an der Kasse vielleicht, oder aber, dass sie keinen alten Plunder mit nach Hause nehmen konnte.

Danny strahlte weiterhin ihre Fröhlichkeit aus. »Unsere Sachen sind schon teuer, oder?«, fragte sie und Milla war ihr dankbar, dass Danny dieses Thema angesprochen hatte. Denn nun konnte sie mit einem »Ja, schon«, antworten.

Die Verkäuferin nickte zu den »Sale«-Artikeln rüber. »Und da ist nichts dabei für dich?«

Milla druckste herum. »Na ja, das sind schon schöne Sachen. Aber das ist alles … ähm …«

»Alter Scheiß«, lachte Danny und Milla sah sie verdutzt an, bevor auch sie lachen musste.

»Ich hätte das jetzt nicht so gesagt«, wagte sie einen frechen Spruch und Danny lächelte.

»Aber ich hab dich das denken gehört, als du die Klamotten durchgesehen hast. Man konnte es an deinem Gesicht ablesen.«

Milla mochte diese Danny, die vielleicht fünfzehn bis zwanzig Jahre älter war als sie.

»Versuchen wir es anders«, schlug Danny vor. »Was gefällt dir denn in diesem Laden?«

Milla zeigte direkt auf Danny. »Alles, was Sie tragen.«

Danny sah an sich herunter und freute sich über das Kompliment. »Oh, kann ich verstehen.«

Sie hatte wirklich Spaß daran, Milla alle Möglichkeiten dieser Kombination zu zeigen. Weil sonst niemand im Laden war, konnte sich die Verkäuferin voll auf Milla konzentrieren.

»Du kannst das Shirt einfach über der Hose tragen, wie ich das gerade mache«, erklärte sie, steckte aber dann den vorderen Teil des Shirts über dem Reißverschluss in die Hose. »Du kannst es aber auch so tragen, dass es lässig über die Hüften fällt.« Nun verknotete sie es am unteren Saum und sagte: »Oder, wenn du gerne deinen Nabel zeigst, kannst du es auch so verknoten. Sieht doch stylish aus, oder? Vor allem: Fällt dir auf, dass dich diese Art, es zu tragen, etwas schlanker macht?«

Milla nickte. »Ja, danke. Das ist wirklich klasse.«

Danny hielt eine Hand in die Höhe. »Warte! Das Beste kommt noch«, sagte sie und deutete auf Millas Kopf. »Für jemanden mit deiner Haarlänge könnte das hier noch ganz witzig werden. Pass auf!«

Mit geschickten Handgriffen setzte sie einen Knoten in die linke Seite des Shirts, genau über der Hüfte. Und dann tat sie das Gleiche über der rechten Seite.

»Wenn du das so trägst und dir dabei zwei Zöpfe in die Haare machst, hey: Das ist der Clou! Das hat sonst niemand, verstehst du? Und dieses Shirt eignet sich super dafür, denn es ist an den Seiten ein wenig länger geschnitten. Auch das lässt dich schlanker wirken. Wobei du das echt nicht nötig hast. Deine Figur ist ja top!«

»Oh. Danke schön!« Milla war nicht nur gerührt, sondern auch beeindruckt. Das, was sie hier hörte, war genau das, was sie für ihren Livestream brauchte.

»Danke schön«, wiederholte sie. »Aber das werde ich mir nicht leisten können.«

Danny löste die beiden Knoten im Shirt und ließ es wieder locker über die Hose fallen. »Wie viel Geld hast du mit?«

Milla zögerte kurz, dann sagte sie: »120 Euro.«

»Oh«, entfuhr es Danny. »Dann kann ich dein Problem verstehen.« Sie dachte kurz nach und wandte sich dann wieder an Milla: »Hast du eine Kundenkarte von uns?«

Milla schüttelte verlegen den Kopf. Doch Danny strahlte über das ganze Gesicht.

»Vielleicht hab ich eine Lösung für dein Problem«, sagte sie begeistert.

»Was?«

»Pass auf: Diese Hose hier kostet 150 Euro. Aber Neukunden bekommen beim Erstellen der Kundenkarte 20 Prozent Rabatt. Dann kommst du mit deinen 120 Euro hin. Das Shirt, das du dir wünschst, sparst du dir noch mal zusammen und dann treffen wir uns hier, wenn du die Kohle dafür hast, ja? Und nicht vergessen: Über die Karte bekommst du hier zurzeit zehn Prozent. Das musst du mit einrechnen. Na, was sagst du dazu?« Die Fröhlichkeit in ihrem Gesicht war nun nicht mehr zu überbieten.

»Ich …« In Milla allerdings rumorte es. Sie war hergekommen mit der Absicht, drei Kleidungsstücke mitzunehmen. Nun sollte sie mit einem einzigen hier rausgehen? Eine Hose für einen ganzen Livestream? Das war eindeutig zu wenig. Und: Noch einmal wiederkommen, wenn Milla das Geld für das Shirt zusammenhaben würde? Das konnte Wochen dauern, vielleicht zwei Monate. Ihre Eltern gaben ihr nicht nur Taschengeld, sondern steckten ihr auch sonst zwischendurch immer etwas zu. Aber trotzdem: Zwei Monate würde sie sicher benötigen.

»Ich …«

Danny beugte sich vor. »Ja?«

Milla überlegte noch, als ihr Blick zu den Umkleidekabinen ging. In dieser Sekunde war ihr klar, was sie zu tun hatte.

»Ich … ich bin einverstanden«, gab sie Danny zurück. »Das ist sehr nett von Ihnen.«

»Freut mich«, strahlte Danny ihr entgegen. »Die Hosen findest du da drüben, direkt neben den Shirts, wie ich eines trage. Probier alles in Ruhe an und melde dich, wenn du so weit bist. Meinen Namen weißt du noch, oder?«

»Danny. Klar«, antwortete Milla rasch und eilte mit einem letzten »Danke« in die Ecke mit den Hosen. Sie wartete, bis sich Danny mit all ihrer Fröhlichkeit in den

Kassenbereich zurückzog, dann schnappte sich Milla zwei Hosen und griff auch nach zwei der T-Shirts, die sie haben wollte. Mit den Kleidungsstücken in den Händen huschte sie rasch in die Umkleidekabine. Schon die erste Hose passte perfekt.

»Du kommst also mit«, flüsterte Milla der Hose zu und zog eines der T-Shirts herbei. »Und von euch auch eines.«

Sie zog ihr eigenes Shirt aus und glitt in das neue hinein. Sie hatte ein gutes Auge für Klamotten – denn auch dieses Shirt passte ihr sofort. Nun stülpte sie ihr eigenes Shirt darüber, sodass das neue nicht mehr zu sehen war. Normalerweise hätte sich ihr schlechtes Gewissen geregt. Bisher hatte Milla noch nie etwas gestohlen. Doch irgendeine Stimme in ihr sagte, dass diese Ausnahme hier gerecht sei. Sie war in einer besonderen Situation und Karma oder das Universum oder von ihr aus auch der liebe Gott oder Buddha würden ihr ja wohl dieses eine Mal zugestehen.

Während sie die neue Hose zur Seite legte und sich ihre eigene anzog, spürte sie, wie sie etwas an ihrem Arm berührte. Milla zuckte zurück, weil sie dachte, es wäre eine Spinne. Doch dann sah sie, was es war, und erschrak. Da wäre ihr jede fette Spinne lieber gewesen. An dem Bündchen des neuen Shirts hing eine Diebstahlsicherung. Ein kleiner roter Knopf, der den Alarm auslösen würde, wenn er an der Kasse nicht abgelöst werden würde.

»Shit!« Milla schossen Schweißperlen auf die Stirn. Daran hatte sie überhaupt nicht gedacht. Ihr Plan scheiterte gerade. Fieberhaft dachte sie nach, wie sie das Problem lösen konnte, als Danny zu hören war: »Alles gut dadrin?« Anscheinend kam ihr die Zeit, die Milla in der Kabine verbrachte, zu lange vor, um zwei Hosen anzuprobieren.

Sie ahnt etwas!, schoss es Milla durch den Kopf.

Doch dann fragte Danny: »Geht's dir gut?«, und gab Milla damit ein Stichwort, mit dem sie sich vielleicht aus der Lage befreien konnte.

»Haben Sie eine Kundentoilette?«, fragte sie und Danny fühlte sich offenbar in ihrer Sorge bestätigt.

»Natürlich. Wenn du rauskommst, zeige ich sie dir.«

Milla blickte an sich herunter. Das neue Shirt behielt sie erst einmal an. Ihr eigenes deckte das neue komplett ab. Danny würde es nicht bemerken können.

Ihr Plan war klar: Sie hoffte auf ein Fenster in der Kundentoilette, aus dem sie das gestohlene Shirt werfen konnte. Dann brauchte sie nur noch die Hose zu bezahlen, einmal um das riesige Gebäude zu laufen und das Shirt mitzunehmen.

Sie drückte einmal den Rücken durch, atmete kräftig ein, bevor sie aus der Kabine trat.

Danny empfing sie mit ihrem einnehmenden Lächeln. »Komm, ich zeig dir, wo unsere Toiletten sind.«

Sie führte Milla an den »Sale«-Kleiderständern vorbei in den hinteren Bereich, um dort schwarze Vorhänge zur Seite zu schieben, die eine Feuertür frei gaben. Danny öffnete die Tür und ging Milla voraus. Ein riesiger Flur lag hinter dieser Tür, der über und über mit leeren Kartons vollgestopft war.

In Milla vibrierte es vor Aufregung. Mehr und mehr wurde ihr klar, was sie hier vorhatte. Dies war ihr erster

Diebstahl im Leben. Und das für ein paar Klamotten und für ein paar Follower. War es das wirklich wert?

»Ja«, flüsterte Milla sich selbst zu und Danny drehte sich zu ihr um.

»Bitte?«

»Ach, nichts«, entgegnete Milla schnell und legte eine Hand auf ihren Bauch, um Danny zu zeigen, dass ihr angebliches Bedürfnis dringender wurde.

»Hier!«, sagte Danny und blieb vor zwei Türen stehen, an denen Schilder angebracht waren: »Personal« und »Kunden«.

»Danke«, sagte Milla.

Danny nahm ihr die Hosen aus den Händen. »Klaro. Keine Ursache. Nimm dir Zeit, ich bereite schon mal den Verkauf und die Kundenkarte vor.«

Milla nickte. »Die obere Hose ist die, die mir passt.«

»Dachte ich mir schon«, flötete Danny vergnügt und stolzierte mit den Hosen davon.

Milla öffnete die Tür zur Kundentoilette, schaltete das Licht ein und erschrak, als eine Lüftungsanlage losbrummte, die an der Zimmerdecke angebracht war. Es gab hier kein Fenster!

Ihre Fingernägel bohrten sich wieder in ihre Handinnenflächen. Auch Schweiß trat ihr auf die Stirn und ihr wurde heiß und kalt.

Alles umsonst, schrie es in ihrem Inneren. Das war's! Endstation! Begrab deine Träume. Vergiss deinen Account. Geh nach Hause und lass es!

Sie fühlte sich elend. Betrogen. Verraten. Und tief-, tieftraurig.

Schließlich gab sie sich einen Ruck und huschte in die Toilette, um das Shirt auszuziehen, das sie unter ihrem eigenen trug. Es war wirklich schön.

»Aber du wirst wohl hierbleiben müssen«, seufzte Milla traurig zu dem Shirt. Sie hatte vor, es in irgendeinen der leeren Kartons im Flur zu legen. Dort würde Danny oder eine ihrer Kolleginnen es bestimmt finden.

»Mist!« Die Enttäuschung in Milla war übergroß. Mit einem weiteren Seufzer faltete sie das Shirt unbeholfen zusammen. Sie öffnete die Tür, schaute vorsichtig durch den Spalt, ob Danny nicht vielleicht zurückgekommen war, doch als sie sah, dass sie alleine war, hechtete sie hervor, griff sich einen der Kartons aus dem Stapel, legte das Shirt in die Kiste darunter und stellte den Karton wieder ab.

»Das war's!«, flüsterte sie. »Schöne Scheiße!«

Da fiel ihr Blick in die Personaltoilette. Sie war genauso eingerichtet wie die Kundentoilette, aus der Milla gerade kam, bis auf einen Unterschied: Oberhalb des Waschbeckens, auf das Milla gerade schauen konnte, gab es ein längeres Regal, auf dem sich Gegenstände befanden, die offenbar dem Team gehörten: ein Deo, mehrere Haarbürsten, eine Flasche mit Mundwasser, zwei Döschen Handcreme, eine Nagelfeile und eine kleine Schere. Von dieser Schere konnte Milla den Blick nicht mehr abwenden. Eine Schere.

Sie schaute sich zu dem Karton um, in dem das Shirt lag, und dann ging alles rasend schnell. Mit hektischen Griffen nahm Milla das Shirt wieder an sich. Sie sprang in die Personaltoilette und packte die kleine Schere, um sich danach in der Kundentoilette einzuschließen. Hier setzte sie die Schere an dem Sicherheitsbutton an und knipste sehr vorsichtig den Button aus dem Shirt heraus. Das Loch, das entstand, befand sich knapp über dem Saum des Shirts. Milla überlegte, dass niemand das Loch bemerken würde, wenn sie das Shirt später, in ihrem Livestream, an dieser Stelle in die Hose stopfte. Hastig zog sie das neue Shirt wieder unter ihr eigenes und prüfte genau, ob es auch wirklich gut versteckt war. Dann nahm sie die kleine Schere so in die Hand, dass ihre Faust sie verbarg, um endlich die Toilettentür zu öffnen.

Wieder erschrak sie. Ihre Fingernägel bohrten sich in die Handinnenflächen und in die kleine Schere. Danny stand vor der Tür. Ihr Lächeln war verflogen. Stattdessen musterte sie Milla prüfend.

Jetzt ist alles aus, ich doofe Kuh, dachte Milla entsetzt und vor ihrem geistigen Auge sah sie schon Polizisten, die sie abführten, während ihre Mutter im Hintergrund weinte.

Doch dann begann Danny zu sprechen und Milla wurde klar, dass sie sich getäuscht hatte. Danny hatte sie nicht durchschaut. Im Gegenteil.

»Entschuldige, wenn ich dich erschreckt habe«, sagte Danny. »Aber es hat so lange gedauert, dass ich mir schon Sorgen um dich gemacht habe.«

Das also war's, wurde Milla klar. Dannys Lächeln war verschwunden, weil sie sich Gedanken um Milla gemacht hatte. Nicht, weil sie etwas von dem ahnte, was gerade vor sich ging.

»Kann ich dir mit irgendetwas aushelfen? Ich habe immer Tampons hier und meine Kollegin Binden. Wenn es um so etwas geht, kann ich dir schnell was holen. Oder brauchst du eine Aspirin oder eine Ibu?«, fragte die junge Verkäuferin.

Milla schüttelte den Kopf. Sie konnte nicht antworten. Denn während Danny gesprochen hatte, war ihr etwas klar geworden: Danny war von der ersten Sekunde an supernett zu Milla gewesen, sehr besorgt und hilfreich. Und zum Dank bestahl Milla F/J und damit auch ein bisschen diese Frau. Es war, als würde jemand einen Dartpfeil auf sie werfen. Das schlechte Gewissen stach Milla direkt ins Herz.

Das alles verstärkte sich noch, als Danny Millas Gesichtsausdruck sah und meinte: »Oder bedrückt dich etwas? Möchtest du dich vielleicht einfach nur mal aussprechen? Du, wir können uns an die Kasse setzen und einfach wild drauflosquatschen. Heute ist eh kaum was los. Oder aber du wartest eine Stunde, dann kommt meine Kollegin und ich kann Pause machen. Ich lade dich auf einen Kaffee ein oder auf ein Eis – was immer du lieber magst. Du siehst aus, als hättest du ordentlich Probleme und müsstest sie einfach mal abladen. Und ehrlich: Ich kann noch besser zuhören, als ich Klamotten verkaufen kann!«

Milla schossen Tränen in die Augen. Sie war gerührt von dieser Frau und geschockt von sich selbst. Wie gerne hätte sie sich Danny anvertraut. Wie gern hätte sie einfach drauflosgequatscht. Auch ohne Eis. Das wäre jetzt genau das Richtige gewesen.

Doch andererseits steckte Milla tief in ihrem Dilemma fest. Sie trug das Shirt, das sie beschädigt hatte, noch fest an ihrem Körper. In der einen Faust hielt sie die Schere, in der anderen den Sicherheitsbutton. Wie hätte sie Danny das sagen sollen? Wie hätte Milla ihr das alles erklären können, wo sie selbst schon nicht mehr durchblickte, was hier genau abging.

Weil sich alles in ihr dagegen sträubte, eine Antwort zu geben, schüttelte Milla einfach nur den Kopf, während eine Träne aus ihrem Auge rann.

Danny schaute sie mitfühlend an und Milla spürte, dass Danny sie gern in die Arme genommen hätte. Bloß nicht!, schrie alles in ihr. Dann bemerkt sie doch, dass ich die Fäuste nicht öffnen kann.

Danny war anzusehen, dass sie überlegte, noch einen Schritt vorzumachen, doch schließlich sah sie ein, dass es das Beste war, Milla in Ruhe zu lassen. »Du Arme«, sagte sie. »Ich lass dich erst mal allein. Solltest du reden wollen, ich bin den ganzen Tag hier. Wenn ich dann gerade in der Pause bin, lass mich rufen, okay?«

Milla nickte. Gleichzeitig hatte sie das Gefühl, als schrumpfe das neue Shirt an ihrem Körper. Ihr war, als ziehe sich das Shirt zusammen und würde Milla den Atem nehmen. Ihr wurde flau. Erst recht, als sie Danny bis zum Verkaufstresen folgte und sah, wie sie dort fröhlich ihre Arbeit fortsetzte: »Das ist deine Karte. Da musst du unterschreiben. Und hier ist das Formular dazu. Das musst du auch unterschreiben und deine Adresse einfügen und das war's auch schon. Mehr ist nicht zu tun. Cool, oder? Schon bekommst du zwanzig Prozent und hast wenigstens eines der Teile, die du dir wünschst. Soll ich dir das Shirt zurücklegen?«

Milla schaute auf: »Was?«

»Für uns ist das kein Problem. Ich lege dir das Shirt zur Seite und wenn du das Geld hast, kommst du es holen. Ob morgen oder in zehn Wochen, ist mir egal. Ich schreibe einfach einen Zettel mit deinem Namen darauf und pinne es an das Shirt. Wir haben da ein eigenes Regal und …«

Milla durchzuckte es, als wäre ein Blitz durch ihren gesamten Körper gefahren. »Meinen Namen?«

»Ja, klar, den habe ich doch jetzt durch den Antrag, den du gerade ausgefüllt hast.« Sie blickte auf den Antrag. »Milla. Schöner Name! Hört man nicht oft. Kann man sich aber gut merken. Da hast du Glück.«

Jetzt wurde Milla heiß und kalt. Es war, als hätte ihr jemand unvermittelt in den Magen geboxt, und ihr Körper versuchte, den Schlag zu verdauen. Daran hatte sie überhaupt nicht gedacht! Wie dumm … wie idiotisch … wie bescheuert konnte man sein? Welcher Dieb hinterlässt seine Visitenkarte am Tatort?

Sie zitterte.

»Können … können wir das nicht abkürzen?«, fragte sie mit einer möglichst leidenden Stimme. Dabei legte sie die Hand auf den Bauch und schaute Danny von unten herauf an.

Danny blieb freundlich: »Mensch, du. Leg dich zu Hause mal hin und ruh dich aus. Oder du bleibst doch und redest mit mir darüber. Oder gibt es sonst jemanden, bei dem du …?«

»Geht schon!« Die einzigen Worte, die Milla noch auf die Reihe bekam. Sie legte die Geldscheine auf den Tresen und wartete nicht einmal den Bon ab. Sie wandte sich um und eilte aus dem Laden, ohne zu verstehen, was Danny ihr noch Freundliches hinterherrief.

Sie eilte durch die Mall, zielstrebig auf den Ausgang zu. Ihr war schwindelig. In ihrem Inneren drehte ein Kettenkarussell seine Runden, allerdings mit dicken, schweren Ketten. Mit letzter Kraft stieß Milla die riesige Glastür auf. Sie spürte den frischen Wind in ihrem Gesicht, aber sie konnte ihn nicht genießen. Sie wandte sich um und erbrach sich lauthals gegen die Wand der Mall.

»Igitt!«, hörte sie eine Stimme hinter sich und ein älterer Mann sagte etwas wie: »Scheußlich, die Jugend von heute.«

Milla wäre am liebsten davongerannt, doch da würgte ihr Körper alle Anspannung, alle Aufregung, alle Angst noch einmal tief aus ihrem Inneren nach oben und sie erbrach sich erneut.

9

Zahlen am Bildschirmrand

|||||||||||||||||||||||||||||||||||||||||||||||||||||||||||||||||||||||||||||||||||||||||||||||

Eigentlich hatte Milla gestern schon ihren nächsten Livestream starten wollen. Geplant war, dass sie gleich nach ihrem Besuch im F/J-Store online gehen und die Klamotten präsentieren wollte. Doch das war unmöglich gewesen. Es hatte Stunden gedauert, bis sich ihr Magen beruhigt hatte und erst in der Nacht hatte sich ihr Herzschlag wieder normalisiert. An Schlaf war nicht zu denken. Immer wieder waren Bilder vor ihrem inneren Auge erschienen. Danny, wie sie mal fröhlich, mal sorgenvoll vor ihr gestanden hatte. Ihre Unterschrift und ihre Adresse auf dem Formular für diese verflixte Kundenkarte. Die Schere und der Sicherheitsbutton, die sie irgendwo an der Kasse unter eine lange Kleiderstange hatte fallen lassen. Und immer wieder das Erbrochene an der Wand der Mall.

Doch inzwischen war sie wieder fit. Am Morgen in der Schule hatte sie die meiste Zeit aus dem Fenster gestarrt und war den gestrigen Tag wieder und wieder gedanklich durchlaufen. In der Pause war Milla in der Klasse geblieben, hatte ihren Freundinnen irgendetwas von »Bauchschmerzen, aber nicht zu arg« vorgelogen, damit sie sie in Ruhe ließen.

Dieses »Herunterschalten« war wohl die richtige Taktik gewesen, denn jetzt ging es ihr tatsächlich besser und sie fühlte sich gerüstet für ihren Livestream, den sie noch vor der Schule auf *Pop-U-up* für 15 Uhr angekündigt hatte.

Es waren nur noch wenige Minuten bis dahin.

Millas Zimmer war bereits vorbereitet: Die Deckenlampe war eingeschaltet, der Deckenfluter aus dem Wohnzimmer lag quer über dem Schreibtisch, so wie neulich, und strahlte munter vor sich hin, und auch die Schreibtischlampe war perfekt ausgerichtet.

Milla war dezent geschminkt und trug die Haare heute zusammen. Man sollte ihr ganzes Gesicht sehen können, weil sie fand, dass sie dann glaubhafter wirkte. Immerhin hatte sie vor, heute eine Menge Lügen in die Kamera zu sprechen.

Bloß eine Sache war anders. Dieses Mal stand sie nicht in der Mitte ihres Zimmers. Sie saß auf ihrem Schreibtischstuhl und hatte ihn so in der Höhe eingestellt, dass nur ihr Kopf zu sehen war. Bestimmt wirkte das für ihre Follower erst einmal merkwürdig, wenn sie gleich online ging. Sie saß am unteren Rand des Bildes und gab dem Hintergrund viel zu viel Raum. Das war ihr bewusst. Aber es gab ja einen guten Grund dafür und das würden die Follower schon verstehen.

Millas Blick ging zu ihrer Wanduhr, die noch immer am Fuß der Tür lag. Das zersplitterte Glas hatte sie längst weggeräumt, doch die Uhr hatte sie liegen lassen. Ihren Eltern hatte sie gesagt, sie wäre aus Versehen dagegengestoßen, als sie sich am Morgen beeilen wollte.

Sie funktionierte noch. Milla schaute zu, wie der Sekundenzeiger über das zerknickte Ziffernblatt hinwegzuckte. Bei jedem sekündlichen Zucken wurde Milla flauer im Magen. Am liebsten hätte sie jetzt alles abgebrochen und wäre davongelaufen. Doch ihre Follower warteten. Sie konnte sehen, dass einige bereits online waren: **Viewer: 150 / Follower: 67 / Like: 0 / Dislike: 0.**

Sie konnte ihre Augen kaum von der Zahl 150 abwenden. Über den Vormittag hinweg, als sie noch in der Schule gewesen war, hatte sich die Zahl noch einmal erhöht.

Likes und Dislikes standen auf null und das war auch richtig so, denn Milla hatte ja einen neuen Livestream vorbereitet.

Sie nahm noch einmal das Blatt Papier hervor, auf dem sie sich eiligst alle Stichworte notiert hatte, die sie heute sagen wollte. Lügenzettel, kreischte ihr Gewissen, doch die Aufregung in Millas Bauch brachte alle Zweifel zum Schweigen.

Dann zuckte der Sekundenzeiger der kaputten Uhr auf die Zwölf. Milla atmete tief durch, beugte sich vor, startete den Livestream und lachte in die Kamera.

»Hey, willkommen bei Milla!« Das war ihre Eröffnung. »Ob du eine alte Socke bist oder der neueste Trend. Hier ist jeder willkommen, der sich für Fashion und Klamotten interessiert. Ihr glaubt nicht, was passiert ist seit meinem letzten Stream!«, plauderte sie in die Kamera, wohl wissend, dass sie sich meilenweit weg von der Wahrheit befand. »Ich konnte es ja selbst kaum glauben, als ich das sah.« Das war der Schatten, der den Fake vorankündigte. »Ich habe Post bekommen.« Und da war er nun, der erste

Fake. Der Fake, der nun den Boden bereitete für weitere und weitere Unwahrheiten. Milla würde ein ganzes Lügengebäude errichten.

Für einen Moment zuckte ihr Gewissen noch einmal auf, doch inzwischen war Milla klar, dass sie nicht mehr zurückkonnte. Sie hatte diesen Weg beschritten und musste da jetzt durch. Also blieb sie bei ihrem Plan und plauderte weiter: »Diese Post war ein Päckchen. Eine Firma, deren Namen ich noch nicht sagen darf, fand meinen letzten Stream so schön, dass sie mir das hier zugeschickt haben. Warum ich den Namen nicht verraten darf? Nur so viel: Sie haben etwas ganz Besonderes vor. Ihr könnt gespannt sein. Passt auf!«

Sie hoffte, dass man ihr die Lügen nicht auf dem Bildschirm ansehen konnte.

Langsam stand sie von ihrem Stuhl auf, sodass sie nun das ganze Bild ausfüllte. Erst jetzt konnten ihre Follower das Shirt und die Hose sehen, die sie trug. In diesem Moment konnten sie neidisch werden auf Milla. Oder sie bewundern. Oder eben beides.

Sie kostete diesen Moment kurz aus. Viele ihrer Follower erkannten die Marke und konnten die Preise für Shirt und Hose einschätzen. Ihr war klar, dass die Zusammenstellung der beiden Kleidungsstücke perfekt war, denn Milla selbst hatte sie ja bei Danny bewundert. Und sie wusste auch, dass diese Klamotten ihr richtig gut standen.

Kurz vergewisserte Milla sich, dass das Shirt auch wirklich an der Stelle in der Hose steckte, wo sie das Loch hatte hineinschneiden müssen, bevor sie den vorsichtigen Blick auf die Zahlen wagte:

Viewer: 173 / Follower: 75 / Like: 8 / Dislike: 0.

Milla wollte sich schon freuen, dass ihre Followerzahlen so sehr gestiegen waren, als die Zahlen sich erneut änderten:

Viewer: 191 / Follower: 82 / Like: 14 / Dislike: 0.

Bevor sie auch nur hätte einatmen können, überschlugen sich die Zahlen wieder:

Viewer: 203 / Follower: 105 / Like: 24 / Dislike: 0.

Und dann: Viewer: 245 / Follower: 110 / Like: 36 / Dislike: 1.

Oh! Sie stutzte. Ein Dislike? Woher der kam, hätte Milla gern gewusst. Neider? Falsch geklickt? Aber das war jetzt völlig egal.

Sie begann aufzudrehen: »Schaut mal, was ich mir alles ausgedacht habe, was man damit machen kann«, rief sie der Kamera zu.

»Natürlich kann ich das Shirt so über der Hose tragen wie jetzt«, erklärte sie, steckte aber dann, genau wie Danny ihr gezeigt hatte, das Shirt oberhalb des Reißverschlusses in die Hose.

»Wenn ich es aber so trage, fällt es locker über die Hüften.«

Viewer: 257 / Follower: 119 / Like: 45 / Dislike: 1.

Milla hatte Dannys Vorführung noch vollständig vor Augen und wusste, was zu tun war.

»Und mir ist noch mehr eingefallen.«

Milla verknotete das Shirt sorgfältig am unteren Saum und sagte: »Wenn du gerne fast bauchfrei gehst, kannst du das Shirt auch vorne verknoten. Sieht doch auch super fancy aus, oder?«

Während sie auf die Vorteile dieses Modetricks einging, die Danny ihr erklärt hatte, ploppten die ersten Kommentare auf: **Coole Ideen!**, meinte Kuchenschleckerin.

Klasse Account, bestätigte Lilly_mit_3_L.

Noch 'ne Idee, ey?, erkundigte sich Nähmaschinenwunder99.

Milla lachte. »Da will jemand noch 'ne Idee?«, las sie vor. »Ja, eine hab ich noch. Die hab ich mir für den Schluss aufbewahrt. Gebt mir ein wenig Zeit, ja?«

Diese Verzögerung hatte sie fest mit eingeplant, denn sie hoffte, dass in dieser Zeit die Zahlen weiter nach oben schnellen würden. Und tatsächlich bewahrheitete sich ihr Plan: **Viewer: 264 / Follower: 133 / Like: 59 / Dislike: 1.**

Milla öffnete den Pferdeschwanz, den sie sich gemacht hatte, und formte stattdessen rechts und links Zöpfe. Dann band sie direkt an der Hüfte einen Knoten in die linke Seite des Shirts und einen weiteren Knoten an der rechten Seite.

»Seht ihr das? Wer mindestens schulterlange Haare hat und damit gern spielt, kann jetzt also oben gezopft gehen und unten geknotet. Ich finde, das sieht mega aus, ihr nicht? Die Idee ist mir gekommen, als ich gesehen hatte, dass dieses Shirt an den Seiten etwas länger geschnitten ist.«

Die Kommentarspalten füllten sich und die Zahlen gingen weiter nach oben: **Viewer: 286 / Follower: 142 / Like: 77 / Dislike: 6.**

Milla machten die Dislikes nichts aus. Sie spürte, dass sie ankam. Sie spürte, dass sie gemocht wurde. Mehr noch: Sie wurde bewundert. Für ihren Style und für ihre Einfälle.

Bei dem letzten Gedanken spürte sie den Dartpfeil im Herzen. Sie dachte an Danny, der sie ja eigentlich all diese Ideen gerade klaute. Genau genommen war das ihr zweiter Diebstahl: erst das Shirt, dann die Ideen. Doch Milla wurde – zumindest in diesem Moment – Meisterin der Verdrängung. Das fiel ihr auch nicht schwer. Dazu reichte ein Blick auf die aktuellen Zahlen. Die Dislikes zeigten nur, dass es Neider gab. Wer beneidet wird, wird auch bewundert. Und wer wollte schon nicht bewundert werden?

So fiel ihr der Übergang zu ihrem Fake-Finale auch nicht mehr schwer. Den kurzen Gewissensstich, der kurz in ihr aufflammte, erstickte sie sofort. Immerhin war Milla von den Zahlen beflügelt: **Viewer: 302 / Follower: 153 / Like: 89 / Dislike: 10.**

Gerade die steigenden Dislikes gaben ihr Antrieb. Noch vor ein paar Tagen hätte sie sich darüber geärgert. Doch das war die alte Milla gewesen. Die neue Milla wusste solche Zahlen richtig einzuschätzen.

Und so setzte sie zu ihrem letzten Fake an. Zu dem größten Fake an diesem Tag.

»Nun lasst mich bitte eines noch sagen«, bat sie, während sie die beiden Zöpfe wieder löste und das Shirt an den Seiten entknotete. Sie wollte für diesen Moment, für diese Aussage, so natürlich und ehrlich rüberkommen wie möglich. Sie störte sich nicht daran, dass ihre

Haare wahrscheinlich von den Zöpfen aufgebauscht waren und dringend durchgebürstet gehörten. Sie fand es auch nicht schlimm, dass das Shirt vielleicht nicht exakt und perfekt saß. Sie achtete bloß darauf, dass sich ihre linke Hand genau über der Stelle befand, an der sie den Sicherheitsbutton herausgeschnitten hatte. All das hatte sie genau bedacht. Es gehörte zu ihrem Plan oder besser zu ihrer Show.

Sie beugte sich nahe an die Kamera heran und setzte zu der Aussage an, an der sie stundenlang herumgegrübelt und sorgfältig gefeilt hatte. Die nächsten Sätze hatte sie mehrfach geprobt. Mal mit Nachdruck, mal in einem eher mitfühlenden Ton. Nun kam es drauf an. Entweder explodierten jetzt ihre Zahlen wie einst bei Johnny Wear, als er von Bronco erzählt hatte, oder aber Milla hatte sich verschätzt.

Gleich würde sie es wissen.

Sie setzte sich wieder auf den Schreibtischstuhl und kam ihrer Kamera so nahe, dass alle Follower ihr tief in die Augen sehen konnten. Dann endlich sprach sie es aus: »Jetzt möchte ich euch noch eines versprechen«, sagte sie in dem freundschaftlichen Tonfall, der ihr während der Übungen am besten gefallen hatte. »Ich habe mich sehr über die Zusendung der Kleidungsstücke gefreut und hatte auch Spaß daran, all diese unterschiedlichen Styles für euch zu entwerfen. Aber weil ich das Shirt und die Hose ja einfach so geschenkt bekommen habe, möchte ich das Geld, das ich dafür hätte ausgeben müssen, spenden. 150 Euro kostet diese Hose. Und 170 kostet dieses superschöne Shirt. Ich werde also die 320 Euro von meinem eigenen Geld nehmen und es der Kinderkrebs-station unseres städtischen Krankenhauses spenden. Ich habe gehört, dass dort immer Geld für Spielsachen oder Kleidung gebraucht wird.«

Das stimmte tatsächlich. Milla hatte es im Internet recherchiert. Viele Vereine und Personen spendeten die Einnahmen aus ihren Konzerten, Aufführungen und Festen an diese Kinderkrebsstation. Nur hatte Milla das nicht vor. Ihr war bloß klar, dass diese Ankündigung ein Hammerschlag am Ende ihres Livestreams war. So etwas hatte Johnny bisher noch nicht gesagt. Und überhaupt – Milla kannte gar keinen Influencer, der so etwas je gemacht hatte. Sie war bestimmt die erste. Sie baute darauf, dass ihre Zuschauer das gut finden mussten und diese Großherzigkeit mit vielen Likes und Klicks auf »Follow« belohnen würden.

Noch während sie sich bedankte und verabschiedete, schnellten die Zahlen nach oben. Selbst Stunden nach diesem Livestream standen die Anzeigen nicht still und wuchsen und wuchsen.

Am Abend, als sie sich ins Bett legte und einen letzten Blick auf die Zahlen warf, rauschte es in ihrem Körper so sehr, dass an Schlaf gar nicht zu denken war:

Viewer: 617 / Follower: 378 / Like: 586 / Dislike: 89.

All diese Zahlen sprachen eine gemeinsame Sprache. Sie sagten alle einen einzigen Satz. Einen Satz, den Milla deutlich hören konnte. In ihrem Kopf. Einen Satz, den sie regelrecht herbeigesehnt hatte. Einen Satz, wie nur diese Zahlen ihn ausdrücken konnten: Milla war glücklich.

2. TEIL

IT
TILL
YOU'RE

10
Hate in den Kommentaren

Dieser eine bedeutende Livestream, der alles verändert hatte, lag acht Wochen zurück und die Zahlen, die Milla nun begleiteten, sahen ganz anders aus.

Sie saß an ihrem Schreibtisch, den Kugelschreiber in der Hand, und blickte auf die Notizen in ihrem Block: Acht Livestreams hatte sie inzwischen hinter sich. Jede Woche hatte sie einen neuen gestaltet. Für diese acht Livestreams hatte sie insgesamt zwölf Mal gestohlen, in acht verschiedenen Läden der Stadt. Sie hatte neun Diebstahlsicherungen aus Shirts, Hosen und Röcken geschnitten. Dreimal hatte sie in Umkleidekabinen die Markenzeichen direkt aus den Klamotten geschnitten, um sie mit nach Hause zu nehmen und dort auf billigere Shirts und Hosen zu nähen. Nur damit sie vor der Kamera weiter erzählen konnte, sie hätte diese teure Ware zugeschickt bekommen. Manchmal stand sie weit von der Kamera entfernt, damit man den Stoff der Kleidung nicht so gut erkennen konnte. Fünfzehn Mal hatte sie ihre Mutter belogen, exakt zehnmal hatte sie ihrer Mutter Geld aus der Handtasche genommen und genau viermal hatte sie sich mit ihrem Vater gestritten, weil sie seine Kreditkarte benutzt hatte. Der einwöchige Hausarrest, den sie zur Strafe hatte absitzen müssen, war die

Hölle gewesen. Denn in dieser Zeit hatte sich Milla keine weitere Kleidung besorgen können, außer sie wäre tagsüber heimlich aus dem Fenster geklettert und in eine der Malls gerannt. Aber auch das war nicht möglich, dadurch, dass ihre Eltern sie per Video anriefen, wenn Milla zu Hause sein musste.

Zwei teure Röcke hatte sie aus der Umkleidekabine der Turnhalle gestohlen, als dort höhere Klassen Unterricht hatten. Die Angst, dabei erwischt zu werden, und auch die Sorge, dass diese Röcke im Livestream erkannt werden könnten, waren so riesig, dass Milla so einen Diebstahl kein weiteres Mal gewagt hatte.

»Warum schreibe ich diese Scheiße auf?«, stöhnte sie. Wer notierte sich seine eigenen Sünden? Was sollte das?

Das war doch genauso idiotisch wie in einem Laden, in dem man etwas hatte mitgehen lassen, Name und Adresse zu hinterlassen. Zum Glück hatte sich Danny nie gemeldet. Milla machte einen riesigen Bogen um diesen Laden. Wann immer sie auch nur in die Nähe kam, krampfte sich ihr Magen zusammen und sie hatte das Gefühl, sich gleich wieder übergeben zu müssen.

Und dennoch: Diese Liste hier konnte sie nicht zerreißen oder wegwerfen. Es war wie ein Zwang, alles aufschreiben zu müssen, was sie für ihre Livestreams auf sich nahm.

Sie seufzte tief und dachte nur: Das alles stelle ich auf die Beine für meinen *Pop-U-up*-Account. Das ist doch eine irre Menge!

Dank dieser Liste konnte man mit einem Blick erkennen, wie ernsthaft und wie ehrgeizig Milla dieses Projekt vorantrieb. War es nicht das, was ihre Mutter immer von ihr gewollt hatte? Dass sie sich mehr Mühe geben sollte? Dass sie sich mehr in ihre Hobbys hineinarbeiten sollte? Dass sie nicht so schnell aufgeben sollte?

Hier konnte man sehen, wie hart Milla für ihren Account kämpfte. Sie gab wirklich alles für ihren großen Traum. Bestimmt mehr als Janice Duvall oder Johnny Wear zusammen. Milla hatte sich seit Wochen mit keiner Freundin mehr getroffen, war nicht mehr im Kino gewesen und hatte auch nicht in der Stadt gechillt wie früher. Sie war nur noch mit *Pop-U-up* beschäftigt, was ihr natürlich weiteren Ärger mit ihren Eltern einbrachte, die völlig besorgt feststellten, dass Milla nur noch zu Hause sei und »sich ständig in ihren eigenen Gedanken verliere«, wie ihr Vater das ausgedrückt hatte.

»Manchmal denke ich, ihr Jugendlichen wisst gar nicht zu schätzen, wie gut es euch geht«, sagte er. »Vergleicht mal euer Leben mit dem der geflüchteten Menschen, die hier bei uns eintreffen. Schau doch mal die Abendnachrichten mit uns. Würde dir vielleicht guttun«, schlug er vor.

»Vielleicht«, wiederholte Milla nachdenklich, ohne ihrem Vater richtig zugehört zu haben.

Sie griff nach dem Block auf dem Schreibtisch und blätterte die Seite ihrer »Bemühungen« um. Nun schaute sie auf völlig andere Zahlen. Sie hatte sich auch sämtliche Follower- und Viewerzahlen von ihren Livestreams aufgeschrieben. Das war zwar eigentlich unnötig und das wusste Milla auch, denn diese Zahlen standen ja stets unter den Videos ihrer Livestreams, die man später aufrufen konnte. Außerdem gab es Statistiken und Aufrufediagramme, an denen Milla die Klickzahlen ablesen konnte. Doch sie fand, wenn sie sich schon alles notierte, was sie für ihren Account opferte, dann wollte sie auch ihre Erfolge aufschreiben. Sie wollte vorbereitet sein, wenn eines Tages die Presse zu ihr kommen und sie nach dem Geheimnis ihres großen Ruhms befragen würde. Dann würde sie mit dieser Liste angeben und aufzeigen, wie penibel sie vorgegangen war. So was beeindruckte die Leute bestimmt.

»Beeindrucken«, flüsterte Milla enttäuscht. Denn die Zahlen, die sie anstarrte, sprachen eine ganz andere Sprache.

Nachdem die Zahlen bei ihren ersten beiden echten Livestreams noch in die Höhe geschnellt waren, hatten die Streams danach kaum noch etwas bewirkt. Zwar gingen die Zahlen nie wirklich nach unten, was Milla freute, aber sie stiegen auch nicht an. Im Moment klebte sie regelrecht bei 879 Viewern fest und hatte 693 Follower. So sah es seit Wochen aus. Obwohl sie sich immer neue Geschichten ausdachte und sie in die Kamera log, um noch besser dazustehen, bewegte sich kaum etwas. Sie schien einen festen Stamm von Viewern zu haben, aber es gab einfach keine neuen User, die ihr folgen wollten.

Und dann das Schlimmste!

Milla seufzte und schaltete ihr Handy ein. Eigentlich hatte sie sich geschworen, keinen Blick mehr darauf zu richten. Eigentlich hatte sie sich auch vorgenommen, all das einfach zu ignorieren. Aber es passte eben jetzt zu ihren Grübeleien. Sie spürte, dass sich etwas ändern musste. Sie stand an einer entscheidenden Stufe ihres Projekts und musste wählen, wie der Weg nun weitergehen sollte. Und da gehörten sie eben mit dazu, diese Kommentare, die sie seit etwa drei Wochen immer wieder während der Livestreams oder unter den Videos im Anschluss lesen musste. Milla legte den Zeigefinger auf das Display und wischte sich durch die Texte:

Tini_die_beste: Ist das wirklich alles wahr, was du da erzählst?

Chaos-Mama_1998: Ich glaub dir kein Wort mehr.

Tomtitom: Ist doch alles Bullshit, was du sagst!

Barenjaeger: Bist du eigentlich schon 16?

Ekaterinii_polski: Das ist doch hier ein Fake-Account oder so.

Anna_W_008: Ich finde, dass du deine Fashion super vorstellst, aber diese Geschichten, die du erzählst, die stimmen doch alle gar nicht, oder?

die_echte_Melli: Gib zu, dass du lügst!

All diese Kommentare hatte Milla schon mehrfach gelesen. Sie hasste jeden einzelnen. Hätte sie am liebsten allesamt mit den Fingernägeln aus dem Internet gerissen.

Aber trotzdem blieben ihre Followerzahlen stabil. Milla

vermutete, dass einige nur blieben, um zu sehen, wie sie scheiterte. Die Zahlen, die ihr noch vor wenigen Wochen ein hohes Glücksgefühl beschert hatten, versetzten ihr jetzt, wenn sie online ging, immer ein mulmiges Gefühl. Sie fühlte sich nicht bewundert und geachtet, sie fühlte sich ausgespäht und getäuscht. Vor dem letzten Livestream hatte sie sich übergeben müssen vor Aufregung und während der Aufnahme total geschwitzt. Nur weil sie Angst vor den Kommentaren hatte. Vor Kommentaren, die sie beleidigten, aber auch vor den Kommentaren, die ihr richtig zusetzten.

Auch die suchte sie jetzt mit dem Zeigefinger auf dem Display. Sie versteckten sich zwischen den anderen, doch Milla hatte die Texte schon so oft gelesen, dass sie sie wahrscheinlich sogar mit geschlossenen Augen gefunden hätte.

Kli-Kla-Klawitter-Klara: **Langsam fällt auf, dass du deine Shirts immer an einer Stelle mit einer Hand bedeckst. Und zwar genau unten, am Saum. Also da, wo die Läden ihre Sicherheitsdinger anbringen. Ey, sag mal, bekommst du die Sachen wirklich geschickt oder klaust du?**

Bommel_06_2006 @Kli-Kla-Klawitter-Klara: **Die klaut! Die klaut ganz bestimmt. Und die lügt. Die ist Abschaum, wenn du mich fragst!**

Berliner_Bernd: **Wo sind die Belege, dass du Geld an die Kinderkrebsstation gespendet hast? Ein Freund**

von mir arbeitet dort und der sagt, dass er mal
nachgefragt hat. Niemand weiß davon.

Franka_ohne_Potente: Ich hab noch nie gehört, dass
eine Firma einen Account unterstützt, der weniger
als 5.000 Follower hat. Eher im Gegenteil. Da müssen
schon ganz andere Zahlen her. Wieso nennst du die
Firma nicht? Hast du Angst, dass du auffliegst?

Wieder einmal spürte Milla, wie es ihr die Kehle zu-
schnürte. So wie jedes Mal, wenn sie diese Zeilen las. Ja,
sie hatte tatsächlich Angst, dass alles auffliegen würde.
Vor allem, weil kaum jemand sie in Schutz nahm. Es gab
fast keine Kommentare, die sich für Milla starkmachten.
Eine Userin mit »Kathy« im Namen hatte sie einmal gegen alle Anschuldigungen verteidigt. Milla wusste natürlich, wem dieser Account wohl gehörte, und sie war Kathy sehr dankbar für ihre Unterstützung.

Und trotzdem: Die Schlinge zog sich zu. So hieß es
immer in Thrillern oder Krimis: »Die Schlinge zieht sich
zu.« Und Milla verstand, was damit gemeint war. Sie verstand es, seit sie in der Umkleidekabine der Mall das Gefühl gehabt hatte, das Shirt, das sie stehlen wollte, würde
sie mehr und mehr einengen. Genauso erging es ihr jetzt
auch wieder. Bloß war da kein Shirt. Nein, es war ihre Situation, die sich enger und enger um sie spannte.

Natürlich hatte sie daran gedacht, Geld von ihrer Mutter zu stehlen, um diese blöde Spende zu machen und
einen Beleg vorweisen zu können. Doch die Idee war ihr
zu spät gekommen. Inzwischen hatte Milla diese Lüge

schon so oft ausgesprochen, dass sie über eintausend Euro hätte überweisen müssen. So viel Geld konnte sie ihrer Mutter nicht einfach klauen. Und ihr Vater hatte das Passwort für die Kreditkarte geändert. Allerdings wäre Milla da ohnehin nicht mehr drangegangen. So rasch wollte sie ihre Eltern nicht mehr hintergehen.

Nein, sie hatte einen neuen Plan entwickelt. Sie musste ihren Account umkrempeln. Sie musste ihn völlig neu gestalten, denn dann würden alle Follower bloß noch darüber sprechen, die Anschuldigungen würden aufhören und vielleicht sogar in Vergessenheit geraten. Wie oft hatte Milla das schon bei echten Prominenten erlebt: Erst kocht alles auf, sie werden für irgendetwas beschuldigt, das wochenlang im Internet, im Fernsehen und in den Zeitungen angeprangert wird, und dann ist plötzlich Stille. Meistens, weil dieser Promi einen neuen Film rausbringt, ein Buch veröffentlicht oder mit irgendeinem anderen Promi zusammenkommt.

Und das war Millas Plan: mit einem anderen Promi zusammenkommen.

Für sie gab es da nur einen, der infrage kam. Nur einen, mit dem sie ihren Account retten konnte.

Milla schaltete ihren PC-Bildschirm ein, um den Chatverlauf mit diesem Promi zu suchen, den sie vor vier Wochen angeschrieben hatte.

Mit wenigen Klicks hatte sie den Verlauf aufgerufen und ging alles in Ruhe noch einmal durch. Sie sah ihre Nachrichten, die sie manchmal im Abstand mehrerer Stunden, manchmal mehrerer Tage, manchmal aber auch im Minutentakt geschickt hatte:

Milla#1: **Hey, du!**

Zwei Tage später die Antwort von JohnnyWear: **Hey!**

Milla#1: **Ich mag deinen Account.**

Tage später: JohnnyWear: **Danke.**

Milla#1: **Ich bin eine Followerin, weil ich es echt klasse finde, was du machst.**

Keine Antwort.

Milla#1: **Ich mache auch Livestreams. Schau mal.** Sie hatte den Link zu ihrem *Pop-U-up*-Account eingefügt. Doch wieder gab es tagelang keine Antwort.

Milla#1: **Hast du mal in meinen Account reingeschaut?**

Milla#1: **Hast du?**

Milla#1: **Magst du?**

Milla#1: **Mich würde deine Meinung interessieren.**

Milla#1: **Du bist mein Vorbild. Nur wegen dir habe ich mir auch einen Account zugelegt. Ich präsentiere auch Klamotten und wüsste echt gern, was du dazu sagst.**

Milla#1: Hast du mal reingesehen in meinen Account? Gefällt dir das, wie ich meine Livestreams gestalte?

Milla#1: Schreib doch mal, bitte.

Und dann endlich erhielt sie die Antwort.
JohnnyWear: Hallo Milla#1. Sorry, dass ich nicht geantwortet habe. Ich bekomme zu viele Nachrichten. Ich kann die nicht alle beantworten.

Milla#1: Dann freue ich mich umso mehr, dass du mir zurückschreibst! Hast du dir meinen Account angeschaut? Was hältst du davon?

Milla#1: Was hältst du von meinem Account, Johnny?

Milla#1: Deine Meinung wäre mir echt wichtig.

Milla#1: Johnny?

Milla#1: Magst du mir schreiben, wie dir mein Account gefällt?

Es hatte wieder zwei Tage gedauert, bis sie Antwort erhalten hatte.
JohnnyWear: Hey Milla#1. Sorry, bin sehr busy. Viel los bei mir. Nicht böse sein.

Milla war stinksauer gewesen an diesem Tag. Daran konnte sie sich noch gut erinnern. Das war völlig wertlos, was er schrieb. Er ging gar nicht auf ihre Fragen ein. Am liebsten hätte sie ihm sonst was in den Chat geschrieben, doch sie zwang sich, höflich und nett zu bleiben.

Milla#1: Danke für die Antwort, Johnny. Hast du dir denn meinen Account angesehen?

Milla#1: Ich schicke dir noch mal den Link. Dann brauchst du nicht zu suchen.

Milla#1: Ich bin so gespannt, was du zu meinem Account sagst. Deinen finde ich ja mega stark. Aber das weißt du ja. Jetzt will ich wissen, wie dir meiner gefällt.

Milla#1: Johnny?

JohnnyWear: Hey, Milla#1. Ja, ich hab reingeschaut in deinen Account. Gefällt mir gut. Machst du super. Bleib dran. Alles Gute, dein JohnnyWear. Und immer dran denken: Make love and wear.

Sie war ausgeflippt. Vollständig! Sie hatte das Handy genommen und durch die Luft gewirbelt, als wolle sie damit tanzen. Er hatte ihr geschrieben. Er fand ihren Account gut. Vor allem, weil …

Und dann hatte sie gestutzt. Genau: Warum eigentlich? Sie hatte sich hingesetzt und seine Worte nochmals und nochmals durchgelesen. Er hatte sich Millas Account gar nicht angeschaut. Sonst würde er doch etwas darüber schreiben, was ihm gefallen oder was ihm eben nicht gefallen hatte. Irgendetwas.

Oder war sie jetzt zu streng mit ihm gewesen?

Sie hatte es getestet:

Milla#1: **Hey Johnny, ich hab mich wirklich sehr gefreut, dass du mir geschrieben hast. Noch mehr freut es mich, dass dir mein Account gefällt. Kannst du mir sagen, was genau ich daran super mache?**

Tage später:

Milla#1: **Hey Johnny, magst du mir schreiben, was dir an meinem Account gefällt?**

Und wieder Tage danach:

Milla#1: **Hey Johnny, weißt du noch? Ich warte auf eine Rückmeldung von dir zu meinem Account. Was genau gefällt dir denn daran?**

Sie kratzte vor Aufregung mit ihren Fingernägeln in den Handinnenflächen, wie sie es immer machte, wenn sie eine Situation nicht aushielt.

Milla#1: **Hast du vielleicht Tipps für mich, was ich besser machen kann? Oder wie ich an Klamotten kommen kann zum Präsentieren?**

Milla#1: Ich würde mich wirklich freuen, wenn du mir noch einmal schreibst.

Die Fingernägel kratzten nicht mehr auf der Haut, Milla drückte sie nun fest in die Handinnenflächen.

Milla#1: Bitte, Johnny, schreib doch noch mal, ja?

Milla#1: Johnny? Warum antwortest du nicht?

Die Fingernägel bohrten sich in die Haut der Hände. Milla spürte den Schmerz, aber sie tat nichts dagegen. Im Gegenteil: Sie drückte nur noch fester zu. In der rechten Hand zeigte sich bereits ein kleiner Blutstropfen.

Milla#1: Schreib mir doch noch einmal, Johnny, ja? Nur noch einmal. Sag mir, was du an mir magst, und gib mir ein paar Tipps, Johnny, ja?

Auf diese Weise hatte sie ihm Nachrichten geschrieben. Stündlich. Bis in die Nacht hinein. Sie war sich vorgekommen wie ein Dackel, der bei seinem Herrchen um Aufmerksamkeit bettelt. Sie hatte sich elend gefühlt dabei. Ja, fast erniedrigt. Dieses Betteln, dieses Flehen. Das wollte sie doch gar nicht. Das war überhaupt nicht ihre Art. Sie kam sich richtig gedemütigt vor. Aber sie brauchte eine Antwort von ihm. Nur eine einzige. Sie musste diese Nachricht von ihm bekommen. Und so hatte sie in ihre Tastatur gehämmert. Worte um Worte, Nachrichten um Nachrichten.

Irgendwann war sie ins Bad gegangen, hatte sich zwei Pflaster genommen und sie in die rechte Handinnenfläche geklebt, denn sie hatte die Nägel an zwei Stellen so heftig hineingedrückt, dass die Haut aufgerissen war. Egal. Sie hatte sich voller Frust an den PC gesetzt und dann allen Schmerz vergessen. Denn sie fand endlich eine Antwort von Johnny:

JohnnyWear: Hey, Milla#1, du machst das alles super. Bleib dran!

Das war die letzte Nachricht im Chat. Sie war gestern kurz nach Mitternacht bei ihr eingegangen. Seither hatte auch sie nicht mehr geschrieben. Sie hatte auch nicht geschlafen. Sie war auch nicht in der Schule gewesen. Hatte ihren Eltern etwas von Periodenschmerzen gesagt, obwohl es noch lange nicht so weit war. Nur um zu Hause zu bleiben. Nur um auf das Handy zu stieren. Dann sie hatte nichts getan. Nichts, außer auf ihre Zahlen zu starren und sich diesen Chatverlauf wieder und wieder durchzulesen.

11
Kindheitsfotos im Netz

||||||||||||||||||||||||||||||||||||||||||||||||||||||||||||||||||||||||||||||||

Ihre Fingerkuppen flogen nur so über die Tastatur. Jetzt
flogen sie. Vorhin hatten sie noch auf ihrem Oberschen-
kel geruht. Vor Erschöpfung war Milla eingeschlafen. Mit
dem Kopf dicht neben der Tastatur auf dem Schreibtisch
und mit ihren Händen auf den Beinen.

Wie lange sie so gelegen hatte, konnte sie nicht einschätzen. Das war auch egal. Wichtig war nur dieser eine
Gedanke, der kurz vor dem Erwachen durch all ihre Gedanken geflattert war. Dieser eine Gedanke, wie es jetzt
weitergehen könnte. Dieser Gedanke an ihren Account
und an Johnny Wear.

Sofort war das Adrenalin eingeschossen. Milla hatte
den Kopf in die Höhe gerissen, mit der Maus den Browser im PC geöffnet und nun rasten ihre Finger über die
Tasten.

Sie öffnete *Pop-U-up* und gab »Johnny Wear« ein. Sie
dachte an den Tag, an dem sie ihren eigenen Account
erstellt hatte. Auf der Profilseite konnte man verschiedene Infos eintragen. Dinge, die man den Usern verraten
wollte, wenn sie die Seite öffneten.

Also huschte ihre rechte Hand zur Maus und klickte
auf »Profil« auf Johnnys Seite. Und tatsächlich erblickte
sie das, worauf sie gehofft hatte: »Frankfurt« stand dort

in großen Buchstaben und dass Johnny inzwischen 21 Jahre alt war.

Milla rechnete zurück. Dann war er vor elf bis fünfzehn Jahren in die Grundschule gegangen.

Wieder flogen die Finger über die Tasten. Wieder bemühte sie den Browser. Sie ließ sich alle Grundschulen von Frankfurt und Umgebung anzeigen.

»Und wenn ich Stunden hier sitze. Und wenn ich Tage brauche. Ich finde dich!«, knurrte sie, speicherte die Liste der Schulen im PC ab und begann, eine Schulwebsite nach der anderen zu öffnen.

Manche Seiten waren sehr bescheiden gehalten. Meistens sah man ein Foto von der Schule, die Adresse, weitere Kontaktdaten und oft Ansprechpartner. Andere Schulen hatten aber auch Fotos auf den Seiten, Berichte und Artikel von Schulveranstaltungen, Ausflügen, Feierlichkeiten, ersten Schultagen. Milla öffnete diese Fotos. Foto für Foto schaute sie an. Sie hoffte auf einen Treffer. Sie spürte keinen Hunger, sie ignorierte ihre Müdigkeit, sie ignorierte auch den Ruf ihrer Mutter, dass sie wieder zu Hause war. Milla hatte kein Zeit- und kein Ortsgefühl mehr. Sie klickte sich durch Fotos und Bilder, durch Bilder und Fotos und hatte allmählich das Gefühl, dass alle diese Bilder identisch waren. Immer lächelnde Kinder mit immer lächelnden Lehrpersonen an ihren Seiten, immer das Schulgebäude oder ein Gebüsch im Hintergrund.

Ein einziges Mal geriet sie auf eine Seite, auf der das Kollegium mit Bildern vorgestellt wurde, die von den Klassen selbst gemalt worden waren. Das fand Milla mal eine richtig gute Idee. Doch das half ihr kein bisschen. Sie musste klicken und hoffen, hoffen und klicken.

Schließlich hielt sie inne. Mit einem Mal. Die Maus stand still, die Finger verharrten und Milla beugte sich näher an den Bildschirm heran. Johnnys Gesicht war ihr mehr als vertraut. Sie hatte alle seine Videos hundertfach angesehen. Und dieser eine Junge auf diesem Schulfoto, dieser Junge in der mittleren Reihe, dieser Junge mit dem markanten Lächeln, der könnte es sein. Es war Johnnys Lächeln. Milla erkannte es sofort.

Sie scrollte nach unten, um nachzusehen, ob die Namen der Kinder unter dem Bild aufgeführt waren. Natürlich waren sie es nicht.

»Und jetzt, Milla?«, murmelte sie mit weit aufgerissenen Augen, geradezu als sei sie im Wahn. »Und jetzt?«

Ihr war danach, in den Bildschirm zu greifen und diesen Jungen aus dem Foto zu ziehen.

»Denk nach, Milla! Denk nach!«

Ihre Blicke huschten über den Bildschirm. Es gab einige Rubriken. Das war eine der aufwendig gepflegten Schulwebsites.

»Unsere früheren Schulklassen« war eine dieser Rubriken. Unter all den vielen Fotos, die es dort gab, hatte Milla schnell die passenden Jahreszahlen herausgesucht und schließlich den jungen Johnny als Schüler der dritten Klasse gefunden.

»Und jetzt?«, Milla trieb sich selbst an. »Denk nach!«

Mit dem Finger strich sie über die verschiedenen Rubriken: »Unser Kollegium«, »Unsere heutigen Klassen«, »Unsere Schule«, »Kontakt zu uns«, »Mehr«.

Letzteres klickte Milla an und es öffneten sich weitere Rubriken. Darunter: »Schulaktionen«.

Milla scrollte durch unzählige Berichte von Aktionen und Projekten, die in der Schule stattgefunden hatten. Auch sie waren wieder durch die passenden Jahreszahlen kenntlich gemacht.

Endlich! Millas Hand stoppte.

»Da bist du ja!«, flüsterte sie dem Jungen zu, der ihr von einem Zeitungsbericht aus entgegenschaute. »Johnny!«

Er und zwei andere Kinder saßen auf einem langen Holzbalken vor dem Schulgebäude.

»Neues Spielgelände eingeweiht« stand in großer Überschrift über dem Artikel. Unter dem Foto war zu lesen: »So wie hier die drei Kinder Anna Matheis, Tom Berres und Johannes Waskolon freuen sich alle Kinder der Schule über die neuen Spielgeräte für die Pause.«

»Johannes Waskolon«, stellte Milla mit einigem Stolz auf sich selbst fest. »Johnny Wear.«

Sie öffnete ein neues Fenster im Browser und rief zunächst eine Suchmaschine auf, in der sie nach der passenden Postleitzahl zu Johnnys früherer Schule suchte. Dann öffnete sie das digitale Telefonbuch und gab Johnnys Nachnamen und den Stadtteil in Frankfurt ein, in dem Johnnys frühere Grundschule stand.

Was für ein Glück, dass manche Leute noch immer im Telefonbuch stehen, dachte sie.

Tatsächlich waren nur zwei Einträge mit dem Namen Waskolon in diesem Stadtteil angegeben. Milla schoss mit ihrem Handy ein Foto der beiden Adressen.

»Johnny! Johannes! Na, du wirst staunen, wenn ich

demnächst vor dir stehe! Und dann wirst du mir antworten müssen. Du hast es ja nicht anders gewollt.«

Ein Lächeln zog sich über ihr Gesicht, das ihr selbst Angst eingejagt hätte, hätte sie sich jetzt im Spiegel gesehen.

12
Allein in der fremden Stadt

Eine ganze Woche! Eine ganze Woche hatte es gebraucht, bis Milla endlich im Zug nach Frankfurt saß. Wenn es nach ihr gegangen wäre, hätte sie sich sofort auf den Weg gemacht. Direkt nach der Entdeckung von Johnnys wirklichem Namen und den beiden möglichen Adressen hätte sie starten können.

Aber so einfach war es nicht gewesen. Sie hatte erst alles vorbereiten müssen. Ihre Eltern waren dabei das größte Problem gewesen. Seit aufgefallen war, dass sie die Kreditkarte ihres Vaters einfach benutzt hatte, waren die Eltern ihr gegenüber misstrauisch und glaubten ihr nicht mehr jedes Wort. Milla konnte sie ja verstehen, aber andererseits übertrieben sie es auch. Vor allem ihr Vater, der immer wieder mit diesem Thema anfing. Also hatte sie sich einen Plan ausdenken müssen, um irgendwie doch nach Frankfurt reisen zu können.

Ihr erste Gedanke war natürlich gewesen, Kathy einzuweihen und so zu tun, als übernachte Milla bei ihr. Aber Milla war klar, dass ihr Vater das überprüfen würde. Mit einem Anruf oder einem überraschenden Besuch wäre alles aufgeflogen und wahrscheinlich hätte er ihr ein Jahr lang Hausarrest aufgebrummt.

Außerdem war es mit Kathy gerade etwas schwierig.

Milla erinnerte sich an das letzte Gespräch mit ihrer Freundin:

»Milla, du machst echt so ein Riesenfass auf in deinen Streams. Verrate doch mal das Label, mit dem du arbeitest.«

»Nee, du. So bleibt doch die Spannung erhalten.«

»Schon, aber …«

»Du hältst die Spannung nicht aus, was, Kathy?«

»Genau. Magst du nicht wenigstens mir verraten, welches …«

»Nein.«

»Milla! Mir kannst du es doch sagen.«

»Lieber nicht.«

»Deiner besten Freundin?«

»Ich … weißt du … ich …«

»Milla! Ich bin's, Kathy.«

»Weißt du …«

Doch an dieser Stelle war Kathy davongegangen. Ohne ein weiteres Wort. Und seitdem grüßten sie sich zwar noch, aber ein echtes Gespräch hatte nicht mehr stattgefunden.

Für Milla wurde es immer schwieriger, ihr Fake-Gebäude aufrechtzuerhalten, und vor allem bekam sie den Eindruck, dass Kathy nicht mehr zu hundert Prozent hinter ihr stand.

Dies war also ein weiterer Grund für Milla, ihr Vorhaben umzusetzen.

Schließlich kam ihr die Idee, Herrn Burger, ihren Erdkundelehrer, anzusprechen, der vor wenigen Wochen zu ihr gesagt hatte: »Wenn du deine Drei noch halten möchtest, Milla, dann musst du dich anstrengen. Oder mich überzeugen. Mit einem guten Referat. Nach der Fünf in der Arbeit neulich kann ich die Drei für dich sonst nicht verantworten.«

Bis vor einer Woche war Milla dieses Gespräch egal gewesen. Dann hätte sie eben eine Vier auf dem Zeugnis. Wen interessierte das schon? Aber jetzt bot genau das die Möglichkeit, Johnny aufzusuchen.

»Ist die Schule echt mal für was gut«, hatte Milla gescherzt, als sie am PC die verschiedenen Museen durchgeklickt hatte. Sie war auf die Seite des Senckenberg-Museums gestoßen und hatte sich dort umgesehen.

»Sie sind doch Dinofan, Herr Burger, oder?«, hatte sie den Lehrer am nächsten Tag angesprochen und ihn gefragt, ob sie eine Hausarbeit zur Kreidezeit machen dürfe.

»Ich zähle auch alle Dinos auf, die es damals gab, wenn Sie mögen.«

Herr Burger war sehr einverstanden. »Dann hast du dir die richtige Zeit ausgesucht. In der Kreidezeit gab es die meisten Dinosaurier, wie du vielleicht weißt. Wenn du mir noch etwas zur Pflanzenwelt dieser Epoche schreiben könntest, wäre ich begeistert.«

»Klar, was immer Sie wollen«, war Millas Antwort gewesen.

Natürlich hatte sie nicht vor, ein einziges Wort zu Papier zu bringen. Stattdessen fragte sie: »Können Sie mir denn eine Bescheinigung für meine Eltern ausstellen, damit sie wissen, dass ich am Wochenende wegen der Schule nach Frankfurt muss?«

Herr Burger hatte sie nur schräg angesehen und gemurmelt: »Ungewöhnlich. Aber bitte, wenn es hilft«, und hatte Milla am Ende des Schultages einen Brief überreicht, in dem er erklärte, was die beiden besprochen hatten und dass er eine Reise ins Senckenberg-Museum sehr befürworte, falls die Eltern einverstanden wären.

»Du fährst ja sicherlich nicht allein in die Stadt?«, fragte Herr Burger sicherheitshalber.

»Natürlich nicht«, hatte Milla ihn angelogen und so schnell wie möglich ihrer Mutter den Brief gegeben.

»Du willst alleine nach Frankfurt?«, hatte sie besorgt gefragt.

Milla, die sich alle Antworten schon auf dem Weg zu ihrer Mutter überlegt hatte, konnte rasch reagieren: »Es ist ja mein Referat. Sonst schreibt niemand mit. Und wen soll ich denn fragen, ob sie stundenlang im Museum auf mich wartet?«

»Kathy?«, war die Antwort der Mutter. Damit hatte Milla fest gerechnet.

»Ich hab sie gefragt. Sie hat eine eigene Hausarbeit zu schreiben«, log Milla. »Nun trau mir doch mal was zu. Ich hab geschaut: Vom Bahnhof Frankfurt fährt eine S-Bahn an eine Haltestelle direkt am Museum. Da kann ich ja nichts falsch machen.«

Die Mutter hatte noch gezögert, aber Milla kannte sie. Sie würde zustimmen, ganz sicher, aber natürlich wollte sie noch das Gespräch mit ihrem Mann am Abend abwarten.

Es wurde allerdings kein Gespräch. Millas Eltern gerieten in einen handfesten Streit über dieses Thema. Ihr Vater war vollkommen dagegen gewesen.

»Nach dem ganzen Ärger der letzten Zeit sollen wir sie jetzt noch belohnen und zum Wochenend-Chillen in die Stadt schicken?«

»Es ist nicht zum Chillen. Es ist für die Schule. Wir müssen ihr wieder vertrauen.«

Milla hatte am Türrahmen ihres Zimmers gestanden und sich den Streit einige Zeit angehört.

»Ich weiß nicht. Sie ist so … so … anders in letzter Zeit. So merkwürdig. Und dann die Sache mit meiner Kreditkarte und dem Passwort. Für eine Internetmitgliedschaft, das war …«

»Fang nicht damit wieder an. Wir haben mit ihr gesprochen. Sie hat sich entschuldigt. Wir haben Konsequenzen gezogen. Und ich denke, sie hat es verstanden. Lass uns doch zeigen, dass wir wieder Vertrauen zu ihr haben.«

»Haben wir das?«

»Du nicht?«

»Du etwa?«

Irgendwann hatte der Streit Milla zu langweilen begonnen. Sie hatte ja schon geahnt, wie das alles ablaufen würde. Ihr Vater würde sich einige Zeit aufregen, würde noch einige Male auf dem gestohlenen Passwort herumhacken, doch irgendwann würde er sich beruhigen und dem nachgeben, was seine Frau forderte. So lief es fast immer ab. Warum hätte sich Milla das antun sollen?

Sie hatte sich also in ihr Zimmer verkrochen, die passende Bahnverbindung herausgesucht sowie den Link zum Kaufen der Eintrittskarte für das Museum. Dann konnte ihre Mutter morgen alles in Ruhe reservieren oder bestellen. Milla wollte keine Zeit verlieren, indem sie irgendwelche Karten zum Fake kaufen ging. Während der Streit ihrer Eltern anhielt, hatte sie schon einmal ihre Tasche gepackt.

Die Tasche, auf der nun ihre Füße ruhten, während der Zug nach Frankfurt über die Schienen glitt. Während die Landschaft vor dem Fenster an ihr vorbeizog und ihr Sitznachbar fleißig den Knoblauch ausdünstete, den er gestern im Essen gehabt haben musste, kamen ihr Bedenken: Machte das wirklich Sinn, was sie hier tat? Ihre Schulfotorecherche war ja wohl mehr als laienhaft. Zugegeben: Der Name Waskolon war sehr selten, anscheinend auch in Frankfurt, denn Milla hatte ja nur zwei Einträge gefunden. Aber Johnnys Familie konnte auch weggezogen sein. Oder sich nicht ins Telefonbuch eingetragen haben. Das Foto, das Johnny zeigte, war zwölf Jahre alt.

Sie seufzte. Das alles war so schwierig und so kompliziert. Dann bereute sie, dass sie geseufzt hatte, denn beim anschließenden Atemzug hatte sie das Gefühl, einen ganzen Sack Knoblauch in sich aufzunehmen. Sie stand auf, stellte sich ans Fenster und blickte der vorbeifegenden Landschaft zu, bis sie endlich den Bahnhof erreicht hatten.

Er war riesig, dieser Bahnhof. Milla brauchte einige Zeit, bis sie auf den Vorplatz trat. Hunderte Menschen um sie herum. Die allermeisten sehr geschäftig. Eltern zogen an den Armen ihrer Kinder, Kinder zogen an den Armen ihrer Eltern. Männer sprachen auf Frauen ein, Frauen sprachen auf Männer ein. Und dazwischen immer wieder einzelne Personen, die etwas suchten oder erschöpft wirkten oder …

Auch Milla hatte gesucht. Sie war aber sofort fündig geworden.

»Guten Tag«, sprach sie den Taxifahrer an, der als Erster in der langen Reihe von Fahrzeugen wartete.

Der Mann drehte den Kopf zur Seite, zog die halb verbrannte Zigarette aus dem Mund, lächelte Milla entgegen und antwortete in breitem hessischen Dialekt: »*Ei, guuude wie?*«

Milla wusste keine rechte Antwort darauf zu geben und fragte stattdessen: »Fahren Sie auch Jugendliche durch die Stadt?«

»Warum denn nicht, junge Dame?«, entgegnete der Taxifahrer auf Hochdeutsch. Er bemerkte wohl, dass Milla nicht aus der Gegend kam und auch nichts mit dem Hessischen anfangen konnte. »Ich fahre auch ein Schaf auf die Weide, wenn irgendjemand die Tour bezahlt«, lachte er. Ein wenig schimmerte der hessische Dialekt immer wieder aus seinen Worten hervor.

Milla verzog das Gesicht. »Dann sind wir schon bei meiner zweiten Frage«, sagte sie und zog aus ihrem Rucksack ein Lederbeutelchen hervor, in dem es munter klapperte.

»Knabbergeld«, nannte Millas Mutter diese Münzen. Es war ein ganzer Haufen an Zwei-Euro-Stücken. Millas Mutter hatte den Tick, alle Zwei-Euro-Münzen, die nach einem Einkauf in ihrer Geldbörse steckten, in eine Tasse im Küchenschrank zu legen und davon samstags Pizza zu bestellen, wenn sie zu dritt vor dem Fernseher lagen.

Milla hatte gewusst, dass die Tasse beinahe übervoll gewesen war, und hatte sich gestern Nacht knapp zweihundert Euro daraus genommen.

Nun hielt sie dem Taxifahrer den geöffneten Beutel entgegen. »Kann ich damit bezahlen?«

»Klimper*schodder*?« Er lachte. »Entschuldige: Kleingeld? Natürlich, junge Dame. Ist mir so lieb wie viereckiges Geld. Aber jetzt hab ich mal 'ne Frage: Wo soll's denn hingehen?«

Milla fischte aus der Hosentasche den Zettel mit den beiden Waskolon-Adressen hervor.

»An eine von den beiden hier«, sagte sie. »Ist das in Ordnung?«

Der Fahrer schaute auf den Zettel. »Aha, suchst du deinen Liebsten?«, fragte er und ignorierte, dass Milla rot wurde. »Komm, steig mal ein, die erste Adresse ist gar nicht so weit weg von hier.«

Kurz darauf rauschte wieder die Landschaft an ihnen vorbei. Dieses Mal Häuser, Brücken, Straßenlaternen, Bäume, Parkplätze. In Milla wühlte es. Sie drückte sich die Fingernägel in die Handinnenflächen, um sich zu beruhigen. Das stechende Gefühl lenkte sie wieder einmal ein wenig ab.

»So, angekommen! Dort vorn ist die Adresse, die du suchst.«

Das Taxi hielt und der Fahrer stieg aus, ging um den

Wagen und öffnete Milla die Tür. Es war ihm anzumerken, dass er sie mochte und sie deswegen wie eine echte Dame behandelte.

Er deutete auf seinen Taxameter, vorne neben dem Lenkrad. Die Anzeige stand auf € 24,50.

»Komm, gibst mir 'nen Zwanni, dann sind wir quitt.«

»Oh, das ist sehr nett«, antwortete Milla und zählte zehn Münzen aus dem Beutel heraus.

»Soll ich warten?«, fragte der Taxifahrer. »Muss ja ohnehin irgendwo rumstehen. Das kann ich auch hier machen.«

Milla fühlte sich bei diesen Worten etwas besser. Mit einem Mal war sie nicht mehr so allein in dieser riesigen Stadt. Dieser nette Mann schien eine gute Menschenkenntnis zu haben und erahnte wohl, wie es Milla gerade ging.

Sie fischte schnell eine weitere Münze aus ihrem Beutel, steckte sie dem Taxifahrer zu und sagte: »Das wäre wirklich sehr nett, wenn Sie ein wenig warten könnten. Ich hab bloß keine Ahnung, wie lange es dauern wird. Wenn Sie also doch eine andere Fahrt bekommen …«

Er steckte die Münze ein und verfiel erst einmal wieder in sein Hessisch: »*Isch seh doch, dass do watt abgeht in deinem Deetz!*« Dann besann er sich wieder auf das Hochdeutsche: »Entschuldige. Ich meinte: Ich sehe doch, dass du dir viele Gedanken machst. Tu, was immer du zu tun hast, junge Dame. Und wenn du fertig bist damit, kommst du hierher. Wahrscheinlich werde ich noch da sein. Heute ist so überhaupt nichts los. Keine Messe in der Stadt, kein Konzert, nicht mal 'ne Demo. *Da isses gehoppt wie gedoppt, ob ich hier hogge oder am Bahnhof driwwe*, gut?«

»Vielen, vielen Dank«, gab Milla zurück und schaute zu dem Haus mit der Nummer 26. Es war riesig hoch und Teil einer hohen Häuserreihe. Milla schritt langsam darauf zu. In ihrer Fantasie hatte sie sich die Situation so vorgestellt, dass sie sich auf eine Bank vor dem Haus setzen und darauf warten würde, dass Johnny die Straße entlangkam oder aus der Haustür trat. So wie die Ermittler in Kriminalfilmen. Doch jetzt, wo sie vor diesem Haus stand, ergab das überhaupt keinen Sinn. Es könnte Nacht werden, bis Johnny auftauchte. Wenn er denn auftauchte. Sie wusste ja nicht einmal, ob er hier wohnte.

»Mist!«

Sie kratzte all ihren Mut zusammen und ging auf das Haus zu. Neben der Tür war eine Reihe von Klingeln angebracht. Milla fuhr sie mit dem Zeigefinger einzeln ab, bis sie den Namen Waskolon entdeckte. Sofort begann ihr Finger zu zittern. Und nicht nur er. Milla zitterte am ganzen Körper, doch jetzt musste und wollte sie da durch. Sie drückte die Klingel.

Es brauchte eine Weile, dann war eine ältere Frauenstimme zu hören: »Ja?«

»Ist da … also, bin ich bei Waskolon?«, rief Milla in die Sprechanlage.

»Ja, ja, schon. Wer ist denn da?«, schallte es zurück.

»Ich suche Johannes«, antwortete Milla.

»Wen?«

Milla trat nahe an die Sprechanlage heran. »Johnny. Also, Johannes. Johannes Waskolon.«

»Nein, tut mir leid«, klang es aus dem Lautsprecher. »Die wohnen alle nicht hier. Wer ist denn da? Wer sind Sie denn? Hallo? Hallo? Sind sie noch da?«

Nein, Milla war nicht mehr da. Sie hatte sich längst abgewendet von der Sprechanlage und ging den Weg zurück zum Taxi. Enttäuscht, niedergeschlagen, traurig.

»Oh, da hat was nicht geklappt«, rief ihr der Taxifahrer entgegen. »Das sieht man dir sofort an. Also: die zweite Adresse, oder was?«

Kaum hatte er sie angesprochen, da besserte sich Millas Laune. Dieser Mann tat ihr im Moment richtig gut. Seine gute Laune war an anderen Tagen gewiss aufdringlich und irgendwann vielleicht sogar nervig. Doch jetzt und hier war sie genau das, was Milla brauchte.

»Darf ich bitte Ihren Namen wissen?«, fragte sie höflich und wieder lachte der Taxifahrer.

»Klar, gern. Magst du mal raten? Welchen Namen soll ich schon haben?« Er grinste breit. »Ich bin Frank. Du kannst also heute Abend deinen Eltern sagen: Mit Frank fuhr ich durch Frankfurt. Oder: Es war Frank, der mich durch Frankfurt fuhr.« Er trat näher und öffnete die Wagentür. »Nicht wundern, junge Dame. Ich *gaaler* gern herum – das heißt, ich albere gerne ein bisschen. Aber ich bin wirklich ein *Haanebambel*, wie man hier sagt, also ein guter, netter Kerl, von dem man alles haben kann.«

Milla lachte zurück. »Das hab ich alles verstanden«, antwortete sie. »Fahren Sie mich bitte zur zweiten Adresse, Frank?«

Er nickte. »Natürlich. Ist ja auch nicht weit. Wird etwa zehn Minuten dauern, denke ich.« Doch dann blickte er auf seine Uhr. »*Oh, nä, Mooomendemal! Isch Dabbes!*«, rief er auf Hessisch aus und bemühte sich dann wieder um das Hochdeutsche: »Es ist ja Samstag, junge Dame. Das bedeutet: Shoppingwahnsinn in der Stadt. Weil ja niemand mehr weiß, was er am Wochenende zur Entspannung tun soll, kommen alle in die Stadt zum Entspannen. Weil das aber alle tun, ist nix daran entspannend. Und deshalb kommen die Leute total genervt am Abend nach Hause. Und um das auszugleichen, nehmen sie sich vor, am nächsten Samstag wieder zum Shopping in die Stadt zu gehen, weil sie sonst nicht wissen, wie sie entspannen sollen. Es ist ein elender Teufelskreis.

Also, ich fürchte, wir werden auf der Flößerbrücke in einen ordentlichen Stau geraten. Da kommen wir auch nicht sinnvoll drum herum. Also: Rechne mal mit einer halben Stunde. Ehrlich gesagt, wärst du zu Fuß schneller.«

»Können Sie mich trotzdem fahren?«, fragte sie Frank. »Ich … also …«

Frank hob die Hand. »Das verstehe ich schon. Fremd in der Stadt. Neu in der Gegend. Ich fahre dich. Klar!«

Milla war ihm dankbar. Mehr noch: Als sie losfuhren und tatsächlich in diesen Stau gerieten, spürte sie, dass ihr diese dreißig Minuten Wartezeit richtig guttaten. Sie nutzte die Zeit, um sich neu zu sortieren und den Frust über den vergeblichen ersten Versuch abzufedern.

Im Stau auf der Flößerbrücke war alles genau, wie Frank es vorhergesagt hatte: massenhaft Fahrzeuge vor den Ampeln. Alle Insassen genervt.

»Shoppingwahnsinn«, triumphierte Frank. »Hab ich

doch gesagt!« Milla war nicht so feierlich zumute wie Frank. Sie spürte wieder, wie sich die Enttäuschung durch ihren ganzen Körper schob. Ergab das alles hier überhaupt Sinn?

Kaum hatten sie sich durch den Stau gequält und Frank das Taxi in eine der abzweigenden Straßen gefahren, da hielt er auch schon an: »So, junge Dame«, erklang es plötzlich von vorn. »Dann sind wir zum zweiten Mal gut angekommen.«

Milla blickte auf. Sie befanden sich in einer besseren Wohngegend als vorher. Keine Hochhäuser, sondern nur dreistöckige Gebäude in einer gepflegten, ja fast neuen Straße. Im Hintergrund eine Parkanlage, vor den Häusern Blumen in Töpfen, Kinderwägen vor den Haustüren, blitzblank geputzte Autos am Straßenrand.

Milla überlegte, ob Johnny hier besser hinpasste als zu den Hochhäusern vorhin.

Ihr Blick ging zum Taxameter. 37 Euro. Und das nur für die paar Kilometer über die Brücke.

Milla zählte den Betrag in ihrem Ledersäckchen zusammen und übergab ihn Frank.

»Ich warte hier, junge Dame«, war die Antwort und Milla nickte ihm zu. Darauf hatte sie gehofft.

Er zeigte zu den vorderen Häusern. »Eines davon müsste es sein.«

Mit einem tiefen Seufzer trat Milla aus dem Wagen. »Danke«, sagte sie noch, bevor sie auf die Häuser zuging. Ja, da erkannte sie schon die Hausnummer. Sie seufzte noch einmal, trat näher heran und drückte die Türklingel. Die Melodie des Big Ben ertönte und kurze Zeit da-

rauf erklang eine junge Männerstimme aus der Sprechanlage: »Ja, bitte?«

Milla kratzte all ihren Mut zusammen: »Ist da Johannes
Waskolon?«, fragte sie und ihr Herz blieb stehen, als sie
die Antwort hörte: »Ja, das bin ich. Wer ist denn da?«

13
Das Idol in der Haustür

|||||||||||||||||||||||||||||||||||||||||||||||||||||||||||||||||||||||||||||||||||||||||||

Die Worte klangen ein wenig verzerrt aus dem Lautsprecher der Anlage. Aber Milla glaubte, Johnnys Stimme zu erkennen.

Ihr wurde zugleich heiß und kalt. Er war es. Er war hier.

Tausendmal war sie dieses Gespräch im Kopf durchgegangen, als sie im Zug nach Frankfurt gesessen hatte. Tausendmal. Und jetzt? Jetzt kam ihr kein Wort über die Lippen vor Erstarrung.

»Hallo?« Johnnys Stimme in der Sprechanlage. »Wer ist denn da?«

Milla atmete tief ein, bevor sie sagte: »Hier ist …« Schlagartig hielt sie sich selbst den Mund zu. Denn ebenso schlagartig wurde ihr klar: Und wenn er mich nicht mag? Was, wenn er mir im Chat nicht geantwortet hatte, weil er mich bescheuert findet?

Dann würde er doch niemals diese Tür öffnen, wenn er wusste, dass sie hier war. Mist! An solche Dinge hatte sie im Zug nicht gedacht.

»Hallo?« Wieder erklang Johnnys Stimme. »Ich frage noch einmal: Wer ist denn da?«

Schnell, Milla!, schoss es ihr durch den Kopf. Ein Plan B muss her.

Johnny klang genervt. »So, mir wird das zu blöd. Ich werde jetzt …«

Und plötzlich kam Milla ein Einfall: »Rate!«

»Was?«

»Rate doch mal, wer hier ist!«, rief sie gespielt fröhlich in die Anlage.

Sie konnte Johnny lachen hören. »Lilly, das bist du! So blöde Ideen hat sonst niemand.«

»Falsch!«, gab Milla schnell zur Antwort.

»Lucy?«

»Quatsch!«

»Clara?«

»Nope!«

»Leonie?«

»Ganz bestimmt nicht!«

Die beiden fanden Gefallen an dem Spiel. Johnny ließ noch einige weitere Namen hören und Milla fragte sich, wie viele Mädchen er wohl kannte. Denn die Liste hörte nicht auf.

Bis Johnny schließlich sagte: »Okay, ich geb auf.«

»Aha!«, kicherte Milla in die Anlage. »Dann hab ich gewonnen.«

»Von mir aus. Wer bist du denn?«

»Nee, so funktioniert das nicht«, sagte Milla. »Als Verlierer musst du schon gucken kommen!«

Sie wunderte sich selbst, wo sie den Mut hernahm, so mit Johnny zu sprechen.

»Ach, komm!«, stöhnte Johnny auf.

»Nein, du kommst«, beharrte Milla. »An die Tür. Jetzt.«

Aus dem fröhlichen Johnny wurde wieder ein genervter und Milla wurde klar, dass sie den Bogen überspannt hatte. »Ey, ich hab noch massenhaft Dinge zu erledigen und das nervt gerade total, ey«, hörte sie Johnny und sie bereute ihre Entscheidung.

Sie wollte ihre Gedanken schon aussprechen, als Johnny sagte: »Okay, ich komm runter. Für fünf Minuten. Fünf. Okay?«

Millas Herz machte einen solchen Sprung, dass die Pferde in Turnieren neidisch geworden wären.

»Echt?«

»Ja, doch. Gib mir fünf Minuten. Ich muss mir ein anderes Shirt anziehen.«

Fünf Minuten? Das waren fünf Stunden. Oder fünf Tage. Oder fünf Wochen. Zumindest kam es Milla so vor. Die Zeit zog sich wie Kaugummi.

Während sie wartete, gab sie dem Taxifahrer ein Zeichen, dass er fahren konnte. Sie winkte Frank erst zu, dann hob sie den Daumen in die Höhe und er verstand. Der Wagen wurde gestartet, Frank fuhr langsam mit herabgelassenen Scheiben an ihr vorbei und rief: »Mach's gut, junge Dame.«

Damit fuhr er davon. So schnell, dass Milla nicht einschätzen konnte, ob er ihr »Danke schön« noch mitbekommen hatte.

»Was? Danke schön?«, erklang es hinter ihr und Milla erkannte die Stimme sofort.

Sie drehte sich zu Johnny um. »Ja. Danke schön«, gab sie zurück. »Danke schön, dass du aufgemacht hast.«

Er blickte Milla von oben bis unten an und wirkte jetzt noch genervter, als er vorhin an der Sprechanlage geklungen hatte. »Und wer bist du? Wir kennen uns doch gar nicht.«

Milla drückte den Rücken durch, blickte ihm in die Augen und sagte mit einem strahlenden Lächeln: »Ich bin Milla.«

Jetzt hätte sie ein »Ach so!« erwartet oder ein »Ach, du bist das!« oder – im besten Fall – ein »Schön, dich persönlich kennenzulernen«.

Doch stattdessen erntete sie ein: »Wer?«

Milla war gleichzeitig überrascht und enttäuscht. »Ich bin Milla.«

Sie konnte Johnny ansehen, wie sich die Rädchen in seinem Gehirn drehten. Er dachte tatsächlich angestrengt nach, aber er fand keinen Bezug zu Milla.

»Von neulich?«, wagte er einen Versuch.

»Ja.« Milla schöpfte Hoffnung.

»In diesem einen Laden in der Kornstra…«

»Nein!« Milla kippte die Hoffnung über Bord.

»Oder …« Johnny gab sich wirklich Mühe. »Online vielleicht? Kennen wir uns aus dem Netz?«

Da war sie wieder, die Hoffnung. »Genau: Milla.«

Er strahlte sie an. »Dann weiß ich es jetzt: Du hast mir im Chat die Tipps für die Neugestaltung meiner Website gegeben, nicht wahr?«

Milla standen fast die Tränen in den Augen. »Nein. Ich hatte dich angeschrieben.«

»Angeschrieben?«

»Bei *Pop-U-up,* wegen meines Accounts.«

Johnny verdrehte die Augen. »Ach, darum geht es? Weißt du, wie viele Nachrichten ich täglich bekomme?«

»Aber wir beide hatten uns doch geschrieben. Spät in der Nacht. Vor einer Woche.«

Johnny stöhnte auf. »Vor einer Woche? Ich weiß ja nicht mal, was gestern war.«

Milla ging zum Angriff über: »Ich bin Milla Nummer 1. Ich hab dir den Link zu meinem Account geschickt und du hast gesagt, du findest gut, was ich mache. Du hast gesagt, ich solle weitermachen. Du hast gesagt …«

Johnnys Gesicht wandelte sich. Er setzte zu einer Antwort an und Milla hoffte, dass er sich an sie erinnern und dass dieses Gespräch endlich in Gang kommen würde. Dass er mit ihr gemeinsam einen Auftritt gestalten würde. Dass er …

Johnny atmete tief ein, Milla hing mit ihren Blicken an seinen Lippen, als er fragte: »Woher hast du die Adresse?«

»Was?«

»Wie hast du meine Adresse herausgefunden?«

Doch Milla ging nicht darauf ein. »Ich hab ein paar Fragen zu …«

»Kannst du vergessen! Wie bist du an meine Adresse gekommen?«

»Recherche!«, patzte Milla heraus. Ihr gefiel gar nicht, wie sich dieses Gespräch entwickelte. In ihrer Fantasie, während der Zugfahrt, hatte das alles völlig anders geklungen.

Johnny war nicht zufrieden. »Recherche? Was heißt das denn?«

»Ich hab im Netz herumgeklickt und dann deine Adresse gefunden.«

Er staunte. Für einen Moment sah er Milla bewundernd an und meinte nur: »Das hat bisher noch niemand geschafft!«

Milla empfand seine Worte als riesiges Kompliment. Vielleicht war das ja der Schlüssel, um Johnny zu knacken.

»War auch nicht einfach«, gab sie zurück. »Aber die Sache war mir das wert.«

Johnny beschloss anscheinend, ihr etwas Aufmerksamkeit zu schenken. »Was heißt das, es war die Sache wert?«

»Ich wollte mit dir reden. Wollte wissen, ob du mir bei meinem Account helfen kannst. Wollte wissen, ob du dir vorstellen könntest, dass … dass …« Allmählich verließ sie der Mut. Denn dieser Satz kam ihr kaum über die Lippen: »Wollte wissen, ob wir vielleicht gemeinsam einen Account …«

»Shit!« Johnny spuckte dieses Wort beinahe aus. »Hab ich's mir doch gedacht! Immer dasselbe.«

»Dasselbe? Was meinst du damit?«

Jetzt war er genervt. Richtig genervt. Milla spürte, wie sehr er bereute, ihr die Tür geöffnet zu haben. »Jede Woche!« Auch diese Worte spuckte er beinahe aus. »Mindestens zweimal. Das kannst du mir glauben!«

»Was denn?«

Johnny wurde laut. »Mädchen wie du. Es sind immer Mädchen. Wollen so bekannt werden wie ich. Wollen Follower und Likes. Wollen in der Stadt erkannt werden. Wollen bewundernde Blicke. Wollen …«

»Ich hab's verstanden!«, schrie Milla, in der sich innerhalb von Sekunden ganze Vulkane gebildet hatten, die jetzt explodierten. »Aber ich …«

»… bin anders!« Johnny blieb laut. »War es das, was du sagen wolltest? Alle sind immer anders. Alle sind immer einzigartig. Du glaubst gar nicht, wie sehr ihr mir auf die Nüsse geht, ihr anderen, einzigartigen Mädchen. Fast jede Woche steht eine von euch vor mir und erzählt mir dieselbe Geschichte.«

In Milla brodelte es weiter. Sie fühlte sich wie unter einem Scherbenhaufen vergraben. Nein – sie *war* der Scherbenhaufen. All ihre Träume, all ihre Hoffnungen hatte Johnny gerade zerschlagen.

»Ich … aber …« Ihre Sprache wollte nicht mehr. Es gab ohnehin keine richtigen Worte für diese Situation. Sie schämte sich. Vor Johnny. Vor sich selbst.

Johnny schien mit einem Mal zu erahnen, was in ihr vorging. Denn plötzlich sprach er sie mit einer ganz anderen Stimme an. Ohne Aggression. Und vor allem leise: »Hör zu, Milla. Du scheinst ja wirklich nett zu sein. Das meine ich ernst. Pass auf: Weil du die Einzige bist, die bisher meine Adresse herausgefunden hat, musst du wohl echt was im Kopf haben. Deshalb mache ich jetzt eine riesige Ausnahme. Komm mit mir hoch. Ich zeig dir alles.«

Milla wischte sich die Tränen aus den Augen. Sie war sicher, die letzten Worte geträumt zu haben. »Bitte?«

»Komm!« Das war alles, was Johnny sagte, bevor er sich umdrehte und vorausging.

Milla blickte ihm ratlos hinterher. Johnny wirkte hier, in seinem Zuhause, ganz anders als in seinen Streams. Er war zwar gepflegt, aber er trug keine Markenklamotten, sondern Shirt und Jogginghose. Doch das war es nicht, was Milla stutzen ließ. Es waren eher seine Gesichtszüge, die ohne das künstliche Licht des Streams ganz anders waren.

Nun wurde ihr klar, dass sie Johnny gar nicht kannte. Und ihm sollte sie folgen? Mit einem eigentlich fremden Jungen in eine völlig fremde Wohnung in einer völlig fremden Stadt gehen? Ihre Mutter würde wahrscheinlich einen dreifachen Herzinfarkt bekommen, wenn sie davon erfahren würde.

Milla presste die Fingernägel in ihre Handinnenflächen. Es war nicht nur der Gedanke an ihre Mutter, der Milla zögern ließ und ihr Angst bereitete. Ihr selbst war auch nicht wohl dabei. Gerade auch, weil Johnny vorhin so laut und fast aggressiv aufgetreten war. Konnte sie ihm trauen?

Andererseits: War nicht das der Grund gewesen für all den Aufwand hierherzureisen? Johnny kennenlernen? Und vielleicht brachte sie ihn ja doch noch dazu, mit ihr zusammenzuarbeiten, um ihren Account berühmt zu machen.

Von innen erklang Johnnys Stimme: »Kommst du jetzt, oder was?«

Milla atmete mehrmals kräftig ein und aus. Dann überwand sie sich. Sie gab sich einen Ruck und folgte Johnny in das fremde Haus hinein.

14
Einsichten bei Johnny

||||||||||||||||||||||||||||||||||||||||||||||||||||||||||||||||||||||||||||||||||||

Milla lief Johnny durch den Hausflur hinterher und die Treppe hinauf, bis sie vor einer Wohnungstür standen, die ziemlich alt und ramponiert aussah. Am Schlüsselloch gab es tiefe Kratzer.

Milla wunderte sich und überlegte, was sie erwartet hatte. Ihr wurde klar: Sie hatte mit der Wohnung eines Millionärs gerechnet. Topmodern, eine lange Theke mitten im Raum, teure Bilder an den Wänden, vielleicht ein Pool in einem der vielen Zimmer.

Was sie aber zu sehen bekam, war in etwa das, was sie von zu Hause kannte: Die Wohnung war völlig normal eingerichtet. Es gab einen Flur mit einer Garderobe, der zu einem Wohnzimmer führte mit Couch, Fernsehschrank und einer Kommode. Rechts und links gab es mehrere Türen. Eine stand weit auf. Es war die zur Küche. Milla wagte einen Blick hinein. Die Küche war schon etwas älter, aber sehr sauber und aufgeräumt. Eine Frau saß am Tisch und löste in einem Heft Kreuzworträtsel. Sie war hochgewachsen und hatte ebenfalls tiefschwarze Haare wie Johnny. Sie hatte sie zu einem Knoten zusammengebunden, sodass Milla ihr ganzes Gesicht mustern konnte, das ungeschminkt war. Ihr war die Konzentration anzusehen, mit der sie sich dem Rätsel widmete.

Milla überlegte kurz, ob sie die Frau lieber nicht unterbrechen sollte, doch dann sagte sie höflich: »Guten Tag.«

Die Frau schaute auf, überlegte kurz, ob sie Milla kannte, und sagte: »Hallo. Und wer bist du?« Milla mochte sie auf den ersten Blick. Sie hatte etwas Beruhigendes an sich.

»Milla. Ich bin …« Was sollte sie sagen? Eine Freundin von Johnny? Eine Kollegin von Johnny? Ein Fan von Johnny? »Ich …«

Johnny kam zurück und schaute in die Küche. »Ich zeig ihr nur kurz was«, sagte er und zog Milla am Ärmel in den Flur.

Milla fühlte sich gedemütigt. Johnny hatte sie einfach so weggezogen. Hatte sich keine Mühe gemacht, sie der Frau vorzustellen. Dieser Frau, die wahrscheinlich seine Mutter war.

Sie blieb stehen. »War das …«

»… meine Mutter. Ja. Aber das ist es nicht, was ich dir zeigen wollte.«

Er wirkte sehr angespannt und zog sie erneut am Ärmel. Wieder ließ Milla es zu. Seit sie wusste, dass Johnnys Mutter in der Wohnung war, fühlte sie sich sicherer und wollte abwarten, was jetzt geschah.

Allerdings wunderte sie sich schon. »Du wohnst noch bei deiner Mutter?«

Johnny antwortete nicht und zog sie in eines der hinteren Zimmer. Milla wusste sofort, wo sie sich befand. Es war, als betrete sie ihr persönliches Disneyland. Dies war Johnnys Aufnahmeraum. Milla erkannte die Wand, vor der er immer seine Livestreams drehte, erkannte die Poster darauf und den großen Schrank im Hintergrund. Auch sein Equipment war im ganzen Raum verteilt: mehrere Stative für die Kamera und für Spotlights, zwei verschieden große Ringscheinwerfer, drei Mikrofonständer und ein Headset.

Der Rest des Zimmers wirkte allerdings nicht so beeindruckend. Es gab ein Sofa, auf dem sich ein riesiger Berg an Kleidung auftürmte. Schuhe lagen wild verteilt auf dem Boden. Milla konnte Kaffeebecher und leere Chipstüten entdecken. Neben dem Sofa stand ein Schreibtisch mit einem PC und einer eingeschalteten Lampe, deren Licht auf einen Stapel bedrucktes Papier schien. Dieser Stapel sah aus wie diejenigen, die Millas Vater immer wieder einmal aus seiner Sparkassenfiliale mit nach Hause brachte. Tabellen waren darauf zu erkennen und eine Menge Zahlen.

Vor diesem kleinen Schreibtisch lagen zerknülltes Papier und zerrissene Briefumschläge. Es war, als blicke Milla auf zwei Welten: Zum einen gab es diese eine schöne Aufnahmeseite, die aufwendig gestaltet war, und zum anderen war da diese unaufgeräumte Zimmerhälfte, in der sich Milla keine Sekunde wohlfühlen würde. Und das, obwohl sie selbst keinen Putz- oder Aufräumfimmel hatte. Aber das hier …

»Das hier ist die Realität«, sagte Johnny und wirkte dabei nicht mehr so genervt und aggressiv wie vorhin. Anscheinend hatte er sich jetzt damit abgefunden, dass Milla sein Zuhause betreten hatte und sein Zimmer kennenlernte. »So hast du es dir nicht vorgestellt, oder?«

Milla überlegte, ob er darauf wirklich eine Antwort erwartete und was sie sagen sollte.

Doch Johnny stellte schon die nächste Frage: »Wie hast du es dir denn vorgestellt bei mir? Hmmm?«

Wieder überlegte Milla fieberhaft. Sie wollte nichts sagen, das ihn verärgerte.

Zum Glück übernahm Johnny wieder das Sprechen: »Glamour, oder? Du hast gedacht, hier sieht es aus wie in der Bude eines Millionärs? Glitzerkram an allen Wänden, fette Kronleuchter von den Decken, vielleicht ein Zimmer mit einem Pool, oder so?«

Milla schaute ihn nur an, doch Johnny merkte sofort, dass er richtiglag.

»Wo nehmt ihr alle bloß immer diese Vorstellung her?«, fragte er.

Endlich wagte Milla eine Antwort: »Aber du bist doch Millionär. Deine Klickzahlen, die vielen Follower und das Geld, das du bekommst für …«

»O Mann!« Johnny brüllte die Worte so aus sich heraus, dass Milla erschrak und schon überlegte, zu seiner Mutter in die Küche zu flüchten. In ihren Handinnenflächen kratzten die Fingernägel um die Wette. Aber der Schmerz, den sie empfand, beruhigte sie nicht etwa oder lenkte sie ab. Nein, gerade bedeutete er nur weiteren Stress.

Johnny fiel wohl auf, dass Milla völlig aufgedreht war. Daher besann er sich und gab sich Mühe, wieder normal auf Milla einzureden: »Ihr seid alle so naiv. Ein paar Tausend Follower und schon fließt das Geld in Strömen. Ein paar Tausend Likes bedeuten ein paar Tausend Euro. Und die flattern einfach so ins Haus, richtig? Und ich? Ich muss mich nur einmal pro Woche vor die Kamera stellen, lächeln, Klamotten zeigen, fertig. Ist es das, was du denkst?« Er wartete ihre Antwort gar nicht erst ab. »Es ist nämlich genau das, was alle denken, die keine Ahnung haben«, sagte er daher. »Die Wahrheit sieht aber ganz anders aus, Milla. Ganz anders.«

»So?«

»Kannst du mir glauben, Milla. Es ist so.«

Er ging zum Schreibtisch und nahm die Papiere in die Hand, die dort lagen. »Weißt du, was das ist, Milla?«

Sie zog die Schultern in die Höhe.

Johnny kam mit den Dokumenten auf sie zu. »Weißt du, was Akquise ist? Hast du das Wort jemals gehört?«

»Nein«, gab Milla zu und riet schnell: »Hat das irgendwas mit Fashion zu tun?«

Er lachte. »Nein, eben nicht. Ich glaube, das meiste von dem, was ich hier tu, hat nichts mit Fashion zu tun.«

Milla schaute skeptisch. »Was? Das verstehe ich nicht.«

»Hab ich mir gedacht!«, gab Johnny zurück und anscheinend klang das selbst in seinen Ohren bösartiger, als er es hatte aussprechen wollen. Deshalb verzog er kurz das Gesicht und sprach dann ruhiger auf Milla ein: »Milla, alle denken, Fame und Geld und Ansehen, das alles fließt mir einfach nur zu. Und das, weil ich immer wieder mal vor der Kamera stehe und weil ich so viele Follower habe. Aber die Wahrheit ist anders.« Er hob die Papiere in die Höhe. »Akquise bedeutet, dass ich Firmen anschreibe und sie anbettele, mir Klamotten zu schicken.«

»Was?« Milla blickte auf die Dokumente. »Anschreiben? Anbetteln?«

»Ja, tatsächlich. Weißt du, wie viele Influencer es allein

im Bereich Fashion gibt, Milla? Es sind Tausende. Und *alle* wollen bekannt werden. Und *alle* wollen Klamotten zugeschickt bekommen. Und *alle* wollen Fame. Ständig muss man sich neu erfinden. Muss etwas Neues vor der Kamera präsentieren. Muss sich selbst toppen und die anderen. Aber die toppen sich ja selbst andauernd. Du musst toppende Menschen übertoppen und …«

Milla musste lächeln. Johnny sah es und bremste sich in seinem Redefluss, um ebenfalls zu lächeln. »Das klang gerade verrückt, oder?«, fragte er.

Sie schüttelte den Kopf. »Ich glaube, ich verstehe langsam, was du meinst«, sagte sie und er blickte sie dankbar an. Sie glaubte zu spüren, dass er sie allmählich sogar mochte. Denn er wurde immer entspannter. Doch seine Erklärungen waren noch lange nicht vorbei.

»Das ist nur ein Aspekt von alledem«, sagte er und sortierte die Papiere in seinen Händen um. Zum Vorschein kamen weitere Seiten mit Tabellen, so wie Milla vorhin schon einige auf dem Schreibtisch entdeckt hatte.

Sie zeigte darauf. »Solche Seiten bringt mein Vater oft mit nach Hause.«

»Aha.« Johnny schien das interessant zu finden. »Dann hat er wohl irgendwas mit Finanzen zu tun. Steuerbüro? Finanzamt? Bank?«, fragte er.

»Sparkasse«, gab Milla zu. »Du bist dicht dran.«

Johnny zeigte ihr die oberste Seite. »Das ist meine Steuererklärung«, sagte er. »Ich hätte nie gedacht, dass ich mich mit so was mal befassen muss. Ich wollte doch nur schnell berühmt werden und meinen Account bedienen. Dabei sitze ich dauernd über solchen Seiten hier und muss mich mit einer Scheiße befassen, die ich nicht leiden kann, die ich nicht verstehe und die mich auch nicht interessiert. Seit ich Geld verdiene mit *Pop-U-up*, weiß ich, was Kleinstunternehmerregel bedeutet. Wusstest du zum Beispiel, dass es einen Vorgang beim Finanzamt gibt, der ›rückwirkende Vorauszahlung‹ heißt?«

Milla lachte. »Rückwirkende Vorauszahlung?«

Auch Johnny musste lachen. »So was gibt es wahrscheinlich nur in Deutschland. Alles ist geregelt. Alles, Milla. Aber alles ist hochkompliziert. Und man muss alle diese Regeln kennen und beachten und … wehe, ich mache einen Fehler und … und …«

Er seufzte tief und legte die Papiere wieder auf den Tisch zurück. »Diese ganze Welt ist nicht so, wie du sie dir erträumst.«

Milla zögerte, ob sie die nächste Frage stellen sollte. Andererseits war ihr klar, dass sie nicht mehr so schnell in eine Situation wie diese kommen würde, in der sie solche Fragen loswerden konnte. Also kratzte sie zum wiederholten Male an diesem Tag ihren Mut zusammen: »Aber du verdienst schon Geld damit und bist berühmt geworden, oder?«

»Ja«, antwortete Johnny ehrlich. »Ich genieße das auch. Aber auch das ist alles nicht so, wie du es dir vorstellst. Ich werde noch lange nicht so oft auf der Straße erkannt, dass ich mir Autogrammkarten zulegen sollte. Und die Kohle, Milla … die Kohle … Nun, es kommt Geld rein. Das stimmt. Aber nicht in Schubkarren oder in Geldtransportern. Ich verdiene einiges mit meinen Livestreams. Aber schau dich um. Einen Teil davon muss ich immer in neues Equipment stecken. Die Steuer nimmt mir einen Teil. Und ich unterstütze meine Mutter mit der Miete. Uns geht's gut. Klar. Aber nicht so gut, dass meine Mutter ihre Stelle als Arzthelferin aufgeben könnte. Sieh dich hier um, Milla. Siehst du irgendwo die Champagnertürme, von denen du wahrscheinlich geträumt hast? Siehst du irgendeinen Pool in irgendeinem Zimmer?«

Milla dachte nach. Johnny ließ ihr die Zeit dafür. Allerdings konnte er sich die nächste Frage schon vorstellen, denn seine Antwort kam sehr rasch. So rasch, dass Milla eine Ahnung bekam, wie oft er schon Gespräche dieser Art geführt haben musste.

»Dann ist also alles gelogen, was man so hört?«, sagte sie.

»Nein«, antwortete Johnny ehrlich. »Es gibt diese Influencer, die vor lauter Geld nicht wissen, wohin sie sollen. Oder die ihre zweite Heimat gerade in Dubai aufbauen, weil sie jemand wegen ihres Fames dorthin eingeladen hat. Aber das sind die Ausnahmen, Milla. Auf jeden Influencer, der es bis an die Spitze geschafft hat, kommen mehrere Tausend Influencer, die es eben nicht schaffen. Mal ist es Zufall, mal ist es Glück, mal sind es die richtigen Kontakte. Aber das kannst du nicht steuern, Milla. Das Leben entscheidet. Oder die Follower oder das Internet oder der Algorithmus irgendeiner App. Oder …« Er seufzte noch einmal tief. »Ich weiß es nicht. Wahrscheinlich kennt niemand die große, sichere Erfolgsformel für all diesen Glamour, den manche ausleben.« Er kam dicht an sie heran und Milla merkte, dass er kurz davor war, sie an der Hand zu nehmen. Ihr Puls überschlug sich. Doch bei dem, was er als Nächstes sagte, fiel ihr Puls auch schlagartig wieder ab.

»Darf ich dir einen Tipp geben, Milla? Einen wirklich ernst gemeinten Tipp? Streng dich in der Schule an, such dir einen richtig schönen Job, der zu dir passt, und lebe ein ganz normales Leben. Sieh die Welt von *Pop-U-up* und dem ganzen anderen Internetwahnsinn als Hobby an. Bau dir ein normales Leben auf. Renn nicht irgendwelchen Träumen hinterher, die dir suggeriert werden und die eigentlich gar nicht zu dir und deinem Leben passen.«

Milla schaute ihm lange in die Augen. Sie ließ seine Worte tief in sich nachwirken, bevor sie antwortete: »Jetzt klingst du gerade wie mein Vater.«

Johnny nickte. »Vielleicht ist er gar nicht so weit von dir entfernt. Vielleicht ist das, was er sagt, gar nicht so falsch, sondern genau das, was du gerade jetzt brauchst und hören solltest.«

Milla blickte Johnny längere Zeit an. In ihr brannte schon wieder eine Frage. Sollte sie sie stellen? Bevor sie sich zurückhalten konnte, sprudelte es schon aus ihr heraus: »Wenn das alles so aufwendig ist, wie du sagst, warum machst du es dann überhaupt?«

Über Johnnys Gesicht zog sich ein Lächeln. »Gute Frage«, konterte er und Milla ahnte, dass sie wohl die Erste war, die ihm diese Frage stellte.

»Echt gute Frage«, wiederholte Johnny dann, um schließlich zur Antwort anzusetzen: »Weil ich es kann. Fertig. Ich merke doch, dass alle auf meinen Account abfahren. Und das ist … das ist … geil!«

Milla wandte den Kopf und schaute sich um. Enttäuschung machte sich breit. Dieser ganze Besuch verlief so völlig anders, als sie sich das gewünscht und erträumt hatte.

Sie blickte zu der Wand und dem Schrank vor der Kamera. Zu diesem Anblick, der ihr so vertraut vorkam, der aber jetzt, in diesem Moment, allen Schimmer und allen Glanz verloren hatte. Niemals, wirklich niemals, hätte sie gedacht, sich solche Worte gerade an diesem Ort anhören zu müssen.

Famous

3. Teil

15
Klick in ihrem Kopf

||||||||||||||||||||||||||||||||||||||||||||||||||||||||||||||||||||||||||||||||

Es war leider nicht Frank, der sie im Taxi von Johnnys Wohnung zurück an den Frankfurter Hauptbahnhof gebracht hatte. Bei ihm hätte sie sich vielleicht getraut, ihre Tränen fließen zu lassen. Vielleicht hätte sie ihm sogar alles erzählt. Doch so war sie an einen wortkargen Fahrer geraten, der verärgert gewesen war, weil Milla ihm die Fahrt mit einer Handvoll Zwei-Euro-Münzen bezahlt hatte.

Nun saß sie an ihrem Schreibtisch, die Fingerspitzen auf die Tastatur ihres Laptops gerichtet, den Blick fest zum Monitor gewandt. Sie war tatsächlich dabei, die Hausarbeit für Herrn Burger zu schreiben. Sie wunderte sich selbst, dass sie das tat. Die Infos, die sie brauchte, zog sie sich aus dem Internet, denn das Senckenberg-Museum hatte sie ja nicht von innen zu sehen bekommen.

Sie hatte schon zwei Seiten geschrieben, als sie die Hände sinken ließ.

Drei Tage waren seit ihrem Besuch bei Johnny vergangen. Drei Tage, in denen sie alles, was er ihr gesagt und erklärt hatte, hundertmal im Kopf durchgegangen war. Drei Tage, in denen sie jedes Wort von ihm hinterfragte. Natürlich stimmte vieles, was er ihr anvertraut hatte.

Doch andererseits: Er hatte ja auch schon mehrfach in den Videos gelogen. Das hatte sie ja bereits geahnt. Die Firmen überschütteten ihn nicht mit ihren Kleidungszusendungen, wie er es manchmal erzählte. Nein, er musste wohl alles selbst kaufen. Nicht nur bei den Shoppingtouren, von denen er erzählte, sondern einfach alle Kleidungsstücke. Vieles von dem, was er sagte, war also Fake.

Und dieses ganze Gerede über Steuern und … wie war das Wort gewesen? Milla hatte es sich im Zug aufgeschrieben und zu Hause gegoogelt. Sie hatte es sich völlig falsch notiert, weil es eine merkwürdige Schreibweise hatte: *Akquise.*

All dieses Gerede, damit hatte er doch nur ablenken wollen. Er wollte sie davon abhalten, ihren Account voranzubringen! Ob er in ihr eine ernsthafte Konkurrentin sah, die er stumm stellen wollte? Immerhin hatte er sie bereits einige Male gelobt, weil sie seine Adresse herausgefunden hatte. Ihm war also klar, dass sie was draufhatte!

Sie wusste ja – so wie es alle wussten –, dass nur vergleichsweise wenig Influencer es wirklich zu Ruhm und Geld brachten. Aber anscheinend könnte Milla zu den Gewinnertypen gehören. Wenn schon so ein Promi wie Johnny bei ihr vorsichtig war, dann musste das doch bedeuten, dass sie eine ernsthafte Konkurrenz darstellte. Für ihn und für alle Influencer.

Und wenn sie ihm das beweisen würde?

»Wow!« Mit einem Mal schoss Adrenalin durch ihren ganzen Körper. Sie sprang auf, denn der letzte Gedanke hatte sie geradezu elektrisiert. »Und wenn ich es dir beweise, Johnny? Was dann? Reden wir dann immer noch über Steuern, Rechnungen und Akwi… Akti…« Sie schaute auf ihren Zettel: »Akquise?«

Ihre Blicke flogen über ihr Zimmer hinweg. Über die Schreibtischlampe, den Kleiderschrank, die Zimmerwand, die ganzen Kleidungsstücke. All das hatte sie in den letzten Wochen für ihren Account benötigt.

»Wenn ich dir auf diesem Weg beweisen möchte, dass ich es draufhabe, dauert das zu lange«, grübelte Milla. Sie wusste außerdem, dass sich ihre Fakes, dass sich ihr Lügengebilde, ohnehin gerade aufzulösen drohten. Sie hatte all die gemeinen Anschuldigungen in ihren Kommentarspalten nicht vergessen. Ganz im Gegenteil.

»Nein, es braucht einen Donnerschlag«, sagte sie zu sich selbst. »Etwas, das mich auf einen Schlag berühmt macht. Etwas, das …« Wieder strömte Adrenalin durch ihren Körper. »Etwas, das uns beide auf einen Schlag berühmt machen wird, Johnny! Etwas, das all die Idioten ihre Zweifel vergessen lässt. Etwas, das uns beide ganz nach oben bringt. Dann sind wir beide reich und berühmt. Wir teilen uns das Geld und den Fame.«

Genau: Das war's. Sie musste etwas erreichen, das auch seinen Status verbesserte. Denn so richtig glücklich hatte er nicht gewirkt. Im Gegenteil: Milla hatte doch heraushören können, dass er die Influencer beneidete, die es geschafft hatten. Die mit dem Geld und der Einladung nach Dubai und den Zusendungen durch die Firmen. Davon hatte er doch gesprochen. Und zwar in einem Ton, der Milla klarmachte: Johnny wünschte sich auch, zu dieser Klasse zu gehören. Er wollte das auch alles haben, schien aber, ähnlich wie sie, auf seinem derzeitigen Stand festzukleben.

Schon kratzten ihre Fingernägel aufgeregt in ihren Handflächen. »Mir muss was einfallen. Ein Donnerschlag. Irgendwas, das Schlagzeilen hervorruft, über die alle reden. Die in allen Medien laufen. Twitter, Insta, TikTok, eben überall.«

Die Fingernägel kratzten fester und kratzten schneller. »Irgendwas!«

Sie schlug sich gegen die Stirn. »Komm schon, Hirn. Mach was. Ich brauche eine Idee!«

Sie könnten so tun, als wären sie ein Pärchen. Die Idee war ihr ja schon mal gekommen. Promis schafften es mit ihren Affären doch immer in die Presse. Andererseits: Ob Johnny das mitmachte? Und ob er wohl …

»Oh!« Da schoss ihr wieder ein Gedanke durch den Kopf: Sie war erst 14 Jahre alt. Da würde Johnny Ärger bekommen. Wie hieß das, wenn man als Erwachsener mit jemandem unter 16 Jahren zusammen war? Irgendwas mit Minderjährigen. Auf jeden Fall war es verboten.

»Shit!« Die Idee hatte ihr gefallen.

Sich gegenseitig in den Livestreams zu besuchen, würde auch nicht viel bringen. Dann würden sie ja nur die Fans begeistern, die sie ohnehin schon hatten. Milla könnte zwar gewiss einige von Johnnys Fans für sich gewinnen, aber für Johnny war das uninteressant bei den schwachen Zahlen von Millas Account.

Sie grübelte. Angespannt. Fieberhaft. Wie unter Strom, während die Fingernägel sich in ihre Hände bohrten.

Aus dem Wohnzimmer klangen Geräusche zu ihr herüber. Der Fernseher lief. Milla schaute zur Uhr. Nachmittags. Der Fernseher lief am Nachmittag?

Sie ging ins Wohnzimmer und fand ihren Vater auf dem Sofa vor. Er staunte und setzte sich auf. »Oh, du bist da!«

»Du doch auch!«, gab sie lachend zurück.

Er lachte ebenfalls, suchte die Fernbedienung zwischen den Kissen und stellte auf leise. »Hab mir den Rest des Tages freigenommen. Mir geht's nicht so gut. Ich glaube, da kündigt sich eine Grippe an oder so. Komm nicht näher. Ich will dich nicht anstecken.«

»Klar.«

»Als ich nach Hause kam, hab ich gerufen. Niemand hat geantwortet, also hab ich mich vor den Fernseher geschmissen. Nachmittags Fernsehen schauen, das fühlt sich genauso an wie in deinem Alter Schule schwänzen.« Er lachte noch einmal, bevor ihm klar wurde, was er gerade gesagt hatte. »Oh«, fügte er schnell an. »Nicht, dass ich das jemals getan hätte!«

»Ist schon klar.« Milla deutete zum Fernseher. »Was schaust du denn?«

»Das Ende des Krimis von gestern Abend. Ich hab den Schluss verschlafen. Wahrscheinlich steckte mir da schon die Grippe in den Knochen.«

»Ist's gut?«

Nun deutete Millas Vater zum Fernseher. »Der Film? Na, geht so. Das Übliche. Banküberfall, Mord, Entführung. Denen fällt halt nix Neues mehr ein.«

Milla starrte ihren Vater wortlos an.

»Ist was?«, fragte er.

Etwas hatte klick gemacht in ihrem Kopf.

»Alles in Ordnung?«, erkundigte sich ihr Vater, dem der merkwürdige Blick in Millas Augen aufgefallen war. »Hast du was?«

Sie gab keine Antwort. In ihrem Kopf hallte das Echo eines Wortes, das ihr Vater gesagt hatte. Dieses Echo löste eine Lawine in Millas Kopf aus. Eine Gedankenlawine. Jetzt wusste sie, was zu tun war, und eilte in ihr Zimmer.

»Ich bin hier«, rief ihr Vater ihr leicht besorgt hinterher. »Falls was ist, ich bin hier für dich.«

Milla hörte die Stimme ihres Vaters, aber sie hörte nicht, was er sagte. In ihrem Kopf war gerade nur Raum für ein Wort. Eines nur. Ein einziges: *Entführung!*

Das war die Lösung. Sie musste eine Entführung faken: »Johnny, einer von Deutschlands führenden Influencern, entführt!«, und einen Tag später: »Johnny, gerettet von seinem größten Fan«. Dazu Fotos der beiden, Storys, Interviews.

War es wirklich so einfach?

»Nein!«

Denn schon drehten sich wieder die Gedanken in ihrem Kopf: Würde Johnny sich darauf einlassen, wenn sie mit ihm diesen Plan besprechen würde? Und wenn nicht? Dann würde er den Plan kennen und er wäre gewarnt, wenn Milla …

Diesen Gedanken bekam sie nicht zu Ende gedacht. Würde sie sich das wirklich trauen? Ihn in Wahrheit zu entführen und die Rettung zu faken?

Ihr Kreislauf spielte genauso Drehkreisel wie ihre Gedanken. Das war doch verrückt, oder? Oder es war die Lösung.

Sie musste ihn wirklich entführen. Entführen, irgendwo verstecken und so tun, als habe nur sie ihn finden können. Je länger sie darüber nachdachte, desto klarer erschien ihr diese Idee und desto mutiger wurde sie.

Aber wie sollte sie das anstellen? Sollte sie vor seinem Haus warten, sich an ihn heranschleichen und ihm eins überbraten? Womit? Wie? Er war doch viel größer und stärker als sie.

Nein … »Schlafmittel!«, flüsterte sie, während sie hören konnte, wie ihre Fingernägel wie wild in den Handinnenflächen kratzten.

Ihre Mutter hatte verschiedene Schlafmittel in ihrer Nachttischschublade. Noch aus der Zeit, als sie Millas Oma gepflegt hatte und dadurch zu selten an Schlaf gekommen war.

Milla musste es nur gelingen, noch einmal das Gespräch mit Johnny zu suchen. Sie könnte zu ihm fahren. Und wenn später der ganz große Medienrummel losging, würde sie ihren Eltern alles erklären und sich entschuldigen. Ihre Eltern wären stolz und würden ihren Ärger vergessen.

»Ist doch auch egal!«, fauchte Milla. Sie hatte jetzt nicht an ihre Eltern oder an irgendwelchen Ärger zu denken. Sie musste ihren Plan ausarbeiten. Nur das zählte in diesem Moment.

Also zwang sie sich wieder in die Vorstellung, wie sie an der Tür von Johnnys Haus stehen würde. Wie sie abwarten würde, bis seine Mutter das Haus verließ. Sie sah sich in Gedanken an der Sprechanlage stehen und ihm versichern, dass sie eine Wahnsinnsidee für sie beide habe. Sie hörte sich schon fragen, ob er nicht eine Cola mit ihr trinken wolle, damit sie ihm alles erklären könne. Sie würde so überzeugend sein, dass er sie hereinlassen würde. Ganz bestimmt. Natürlich würde er erst wieder meckern und schimpfen, doch letztes Mal hatte Milla es auch geschafft, in die Wohnung zu kommen.

Dieses Mal also würde sie ihn um eine Cola bitten oder um ein Wasser oder … egal. Sie würde in sein Getränk die Tabletten ihrer Mutter mischen, wenn er für einen Moment den Raum verließ. Ihr würde schon etwas einfallen, um ihn dazu zu bringen. Ihn bitten, noch einmal diese Akquisebriefe zu zeigen oder sein neuestes Equipment oder was auch immer. Da würde ihr ganz bestimmt vor Ort etwas Passendes einfallen.

Er würde trinken. Sie würde warten. Er würde schläfrig werden. Sie würde sich vorbereiten. Er würde schlapp werden. Sie würde ihm unter die Arme greifen, ihn in die Höhe ziehen und ihn stützen, während sie ihn die Treppen hinunter aus dem Haus brachte. War er nicht zu schwer für sie?

In diesem Zustand, kurz vor dem Wegdösen, hatte er bestimmt noch genügend Kraft, einige Schritte zu gehen.

Irgendwo in seiner Umgebung gab es bestimmt einen Schuppen oder eine leer stehende Garage oder eine Scheune oder irgendwas. Mann, Frankfurt war eine Großstadt! Da musste es etwas Geeignetes geben. Milla musste sich bloß vorher danach umschauen.

Johnny würde sich also auf sie stützen und die letzten

Schritte mit ihr gehen, bis sie ihn in einem Versteck unterbringen konnte, wo er einschlafen würde.

Und dann?

Ihre Fingernägel gruben sich scharrend in ihre Haut.

Sie würde die Nacht bei ihm bleiben. Dann jedoch müsste sie sich zurückziehen. Er würde sich ja an nichts mehr erinnern. Sie würde ihm später erzählen, dass sie aus der Wohnung gegangen sei, als er so unendlich müde geworden war. Sie würde sagen, dass sie gar nicht wissen könne, was danach geschah, weil sie ja nach Hause gefahren war. Sie würde schwören, dass sie von der Entführung nichts mitbekommen hätte.

Und am nächsten Tag würde sie kommen, bei der Suche nach ihm helfen und so tun, als habe sie ihn in dem schäbigen Versteck entdeckt.

»Weil ihr Herz sie zu ihm geführt hat«, könnte ja die passende Schlagzeile lauten. Irgendwas Kitschiges eben, dass sie beide super dastehen ließ.

Ihre Fingernägel kratzten wilder und wilder.

Dieser ganze Plan bedeutete, dass sie nicht gesehen werden durfte. Es könnte ja sein, dass er aufwachte. Das hieß also, dass sie ihm im Versteck eine Kapuze überziehen musste. Außerdem musste sie ihn fesseln und anbinden. Sie musste … musste … Der folgende Gedanke war für sie so schmerzhaft, dass sie diesen Schmerz nicht nur gedanklich, sondern auch körperlich spüren wollte. Sie drückte die Fingernägel so tief in ihre Haut, dass erste Blutstropfen aus den Fäusten quollen. Denn sie musste Johnny verletzen. Mit einem Messer ritzen. Auch er brauchte Wunden. Auch er musste bluten. Dann sah alles echt aus. Das hatten sie im Deutschunterricht bei Frau Knopp gelernt: Die Hauptperson einer Geschichte muss richtig leiden, dann erscheint sie am Ende auch als strahlender Held.

»Je höher der Leidensfaktor, desto größer die Erlösung«, hatte die Lehrerin ihnen beigebracht.

»Also musst du leiden, Johnny. Tut mir leid. Aber ich werde vorsichtig sein. Sehr vorsichtig.«

Sie öffnete ihre Hände und sah sich die Wunden an, die sie sich selbst zugefügt hatte. Sie blickte auf das Blut, das ihr über die Finger rann. Und dann stand ihr Entschluss endgültig fest.

Sie musste handeln.

Musste handeln.

Jetzt!

16
Der Polizist am Tisch

||||||||||||||||||||||||||||||||||||||||||||||||||||||||||||||||||||||||||||||

Als Milla die Tür aufriss, sah sie einen älteren Mann am Tisch sitzen, der die Uhr neben der Tür fixierte und sie für einen Moment gar nicht zu bemerken schien. Er wirkte entspannt, fast gelangweilt, dieser ältere Mann. Er wirkte zufrieden. Mit sich. Mit diesem Raum, mit dem Blick zur Uhr.

Doch dann entdeckte er Milla im Türrahmen. Sah ihre Hände, bemerkte das Blut, das von ihren Fingern tropfte, und blickte sie überrascht an.

Sie fühlte sich gehetzt, war völlig außer sich. Es fiel ihr nichts anderes ein, als ihre blutigen Hände auf der Theke abzustützen und dem Mann entgegenzuschreien: »Sie müssen mich festnehmen! Es geht um eine Entführung!«

Kramer sprang von seinem Platz auf und eilte zu ihr an die Theke.

»Was ist denn los? Wo kommt das Blut her? Wie heißt du denn?«

Milla blickte ihn nur an. Die Uniform, die Pistole in seinem Halfter, all das war verstörend. Zusätzlich zu dem ganzen Chaos in ihrem Kopf. Das Einzige, was ihr über die Lippen kam, war: »Festnehmen, bitte! Bevor noch was passiert!«

Kramer öffnete die kleine Tür, die am Tresen angebracht war, und ging zu Milla. Er nahm sie sachte am Arm und führte sie zurück auf seine Seite des Tresens, dorthin, wo sein Bürostuhl stand.

»Setz dich bitte erst einmal«, sagte er in einem beruhigenden Ton. Er ärgerte sich, dass er sich von Millas Hektik hatte anstecken lassen. Hier, in dieser Situation, wurde wohl mehr der Angler als der Polizist in ihm gebraucht.

»Lass uns eines nach dem anderen angehen«, schlug er vor. Er wartete, bis Milla saß, und setzte sich ihr gegenüber.

»Ach, Gott!«, entfuhr es ihm, als er die zerschundenen Handinnenflächen musterte. Er erhob sich und ging zu dem Medikamentenschrank, der schräg über einem Waschbecken an der Wand hing. Routiniert zog er zwei Mullbinden heraus, ging damit zu Milla, hockte sich wieder vor sie und begann, ihre Hände zu versorgen. Ruhig, bedächtig wickelte er die Binden um die Hände, um die Blutung zu stoppen.

»Kann ich deinen Namen erfahren?«

Milla beobachtete, was Kramer tat. Sie schaute zu, was er dort machte, aber sie erfasste es nicht. Zu sehr drehte sich noch ihr Gedankenkarussell im Kopf. Tausend Fragen überschlugen sich darin mit tausend Antworten. Doch nichts passte zusammen.

»Deinen Namen?«, hakte Kramer freundlich nach.

»Milla«, schoss es aus ihr heraus, ohne dass sie es selbst steuerte.

Kramer lächelte erleichtert. »Danke. Dann haben wir ja schon eine sehr wichtige Sache geklärt. Mein Name ist Kramer. Ich habe hier heute Dienst.«

Sie nickte. Warum, wusste sie selbst nicht so genau. In ihr erwachte der Wunsch, die Fingernägel erneut in ihre Handflächen zu bohren oder sie zu zerkratzen. Doch mit den Mullbinden war das unmöglich. Außerdem hielt Kramer noch immer ihre beiden Hände in seinen. Milla spürte, dass ihr das guttat. Sie hatte keine Ahnung, warum das so war, aber dieser ganze Herr Kramer schien ihr gutzutun. Mit einem Mal spürte sie, dass sie die richtige Entscheidung getroffen hatte, als sie in ihrer Panik auf dem Weg zum Bahnhof hierher abgebogen war.

»Danke«, kam es aus ihr heraus.

Kramer schaute auf ihre Hände und sagte nur: »Na, dafür nicht.« Er dachte wohl, Milla hätte sich nur für die Versorgung ihrer Wunden bedankt.

»Kannst du mir sagen, was geschehen ist?«, fragte Kramer vorsichtig nach.

Milla wollte es versuchen. Doch die Antwort überforderte sie. Wie sollte sie diesem Mann all das erklären, was sich in den letzten Monaten ergeben hatte?

Kramer schien ihr das anzumerken, denn er sagte: »Lass uns der Reihe nach vorgehen: Kannst du mir sagen, wo du gerade herkommst?«

Das fiel Milla leicht: »Von zu Hause.«

»Sehr gut«, lobte Kramer und zeigte auf ihre Hände. »Und kannst du mir sagen, wer dir das zugefügt hat?«

Milla sah sich die beiden Verbände an ihren Händen an. »Ich.«

»Du selbst. Ich verstehe«, sagte er ruhig. Er erhob sich wieder, zog sich einen Stuhl heran und setzte sich Milla gegenüber.

»Ist noch jemand verletzt?«

Milla schüttelte den Kopf.

»Aber es wäre beinahe jemand verletzt worden?«, hakte Kramer nach und dieses Mal nickte Milla.

Kramer verstand: »Und bevor das passieren konnte, bist du hierhergekommen?«

Wieder nickte Milla.

»Dann hast du bereits sehr vieles richtig gemacht, Milla«, bestätigte er und spürte, dass auch er sich beruhigte. Der Anblick eines verwirrten Mädchens, das mit blutverschmierten Händen schreiend auf der Wache erschien, hatte natürlich auch ihn nicht kaltgelassen. Doch um ihr augenblicklich beistehen zu können, hatte er seine eigene Aufregung erst einmal ignoriert und unterdrückt. Jetzt, wo Milla etwas zur Ruhe kam, konnte auch er diese Aufregung in sich erfassen und gleichzeitig spüren, dass sie bereits nachließ.

»Magst du ein Wasser?«, fragte er Milla, um sie weiter zu beruhigen.

Sie schüttelte den Kopf. Sie war noch immer mit allem überfordert. Sie zitterte und stach sich immer wieder die Fingernägel in die verbundene Handinnenfläche. Sie wollte nicht hier sein. Sie wollte nirgendwo sein. Sie … sie …

»Ich weiß sogar, wo eine Flasche Cola steht«, sagte Kramer. »Sie gehört zwar nicht mir, sondern einem Kollegen, aber ich würde sie für dich mopsen. Ich würde also für dich als Polizist in einem Polizeibüro einen Polizisten bestehlen. Würde ich machen.«

Er lächelte sie an und endlich lächelte Milla zurück.

Kramer war wie Frank, der Taxifahrer. Auch er schien irgendwie zu erahnen, was Milla in diesem Moment gerade fehlte.

»Nein, danke«, sagte sie und wurde wieder ernst.

Kramer versuchte, ihr eine neue Brücke zu bauen: »Kannst du mir sagen, wo du hinwolltest?«

»Frankfurt«, war Millas Antwort. »Ich wollte nach Frankfurt. Zu Johnny.« Beim Aussprechen seines Namens rannen ihr die Tränen über das Gesicht. »Johnny«, flüsterte sie.

Kramer wagte einen Vorstoß: »Ist er derjenige, der entführt werden soll?«

Sie nickte.

»Von dir?«

Sie nickte erneut.

Nun wagte Kramer den Durchbruch: »Ist er noch in Gefahr, während du hier bei mir sitzt?«

Wieder schüttelte Milla den Kopf und augenblicklich rannen ihr weitere Tränen über das Gesicht. »Nein«, hauchte sie. »Keine Gefahr.«

Kramer entspannte sich nun vollends. »Das klingt gut, Milla. Und wieder klingt es danach, als hättest du sehr vieles richtig gemacht.«

Er stand auf, ging zu einem Kühlschrank, der unter dem Tresen stand, öffnete ihn und nahm eine kleine Flasche Cola hervor. Er brachte Milla die Flasche und sagte nur: »Jetzt hab ich sie dir doch geklaut. Ich glaube, du kannst sie brauchen.«

Milla lächelte unter dem Tränenschleier. Sie nahm die Flasche in die Hand, öffnete den Deckel, setzte sie an und spürte tatsächlich, wie gut ihr die kalte, prickelnde Flüssigkeit tat. Es war, als würde sie von innen heraus geweckt.

Sie atmete tief aus und Kramer fragte: »Magst du mir jetzt alles erzählen?«

Milla nahm einen weiteren Schluck, blickte dem Beamten in die Augen und sagte nur: »Kennen Sie *Pop-U-up?*«

17
Das Mädchen im Nebenraum

Sie redeten zwei volle Stunden miteinander. Die meiste Zeit sprach Milla.

Zwischendurch kam ein weiterer Polizist in die Wache. Er war wohl die Ablösung für Kramer. Doch Kramer grüßte ihn nur kurz, beichtete, dass er ihm eine Cola geklaut habe, und eröffnete, dass er jetzt keinesfalls nach Hause gehen wollte. Nicht, bevor er dieses Gespräch zu Ende geführt hätte. Der Kollege war einverstanden.

»Aber wir haben weiteren Besuch«, hatte Kramer gesagt. »Im Nebenraum sitzt jemand, für die wir ebenfalls eine Flasche Cola besorgen könnten. Sie wartet auf ihre Eltern, die eigentlich schon längst da sein müssten.«

Der Kollege hatte genickt und war neugierig durch eine der Türen gegangen, während Kramer sich wieder Milla zugewandt hatte. Zu diesem Zeitpunkt war es Milla bereits leichter gefallen, alles loszuwerden. Sie redete und redete und wunderte sich, dass Kramer sich keine Notizen machte. Der Beamte saß ihr nur gegenüber, hörte sich jedes ihrer Worte an und stellte zwischendurch einige Nachfragen, wenn er etwas nicht verstand.

Irgendwann fühlte sich Milla völlig leer. Sie hatte alles bis ins letzte Detail erzählt und berichtet. Und vor allem hatte sie Kramer aufgezeigt, wie beim Anblick des

Bahnhofs alles in ihr aufgeschrien hatte, weil sie plötzlich gespürt hatte, dass sie einen riesigen Fehler begehen würde. Dass sie nicht nach Frankfurt wollte. Dass sie Johnny das alles nicht antun wollte.

»Ich habe ihn vor mir gesehen«, hatte sie Kramer erklärt. »Ich hatte mir vorgestellt, wie er in irgendeinem schäbigen, dreckigen Raum sitzen müsste, angekettet, einen Sack über dem Kopf. Wie in einem schlechten Film. Er hat mir leidgetan, Johnny. So was hat er doch nicht verdient, oder? Oder doch? Muss man solche Opfer bringen, wenn man berühmt werden will und es anders nicht funktioniert? Wir haben doch beide alles Mögliche versucht. Wieso haben andere mehr Glück und wir nicht? Wieso … wieso …?«

Sie spürte, dass sie sich leer geredet hatte, und verstummte mit einem Mal. Die Tränen, die ihr wieder über die Wangen rannen, sprachen das aus, was ihre Worte nicht mehr schafften.

Kramer schwieg erst einmal. Er wollte Milla etwas Ruhe gönnen und die Möglichkeit, sich auszuweinen. Er saß ihr gegenüber. Stumm. Verständnisvoll.

Millas viele Fragen mussten erst einmal unbeantwortet bleiben. Ihr Inneres soll erst einmal zur Ruhe kommen, dachte Kramer.

Milla nahm dieses Angebot an. Sie ließ ihre Tränen fließen. Doch irgendwann trank sie einen großen Schluck aus der Colaflasche, wischte sich mit den Händen die Tränen aus dem Gesicht, hob den Kopf, um Kramer anzusehen und fragte: »Und jetzt? Komme ich jetzt ins Gefängnis? Müssten Sie mir nicht Handschellen anlegen?«

Kramer sah sie an. »Einsperren? Wofür? Für eine völlig verrückte, überdrehte Idee, die du zum Glück nicht umgesetzt hast? Bisher ist doch nichts passiert.«

»Und wenn ich morgen anders denke? Wenn ich morgen erneut Johnny entführen will? Müssen Sie ihn denn nicht vor mir schützen?«

»Indem ich dich wegsperre? Du siehst mir nicht danach aus, als ob du einen neuen Versuch starten wolltest.«

In Milla brannte noch eine ganz andere Frage: »Werden Sie meinen Eltern Bescheid geben?«

Kramer nickte. »Da kommen wir wohl nicht drum herum. Aber wenn du das möchtest, bleibe ich hier an deiner Seite, wenn du ihnen alles erzählst. Du musst ihnen bloß alles genau so berichten wie mir vorhin. Und wenn deine Eltern auch nur einen Funken Verstand haben, werden sie verstehen. Vielleicht nicht sofort und hier. Aber in der kommenden Zeit … also, wenn ihr miteinander sprecht, … also, wenn du ehrlich bleibst und aufrichtig … Dann gewiss.«

Milla dachte kurz nach. »Verstand haben sie schon. Alle beide. Aber sie werden auch Wut haben, wenn sie alles hören.«

»Davon gehe ich aus. Ich kann es auch nachvollziehen, um ehrlich zu sein. Deshalb bleibe ich ja hier, während du berichtest. Zusammen stehen wir das durch.«

Milla dankte ihm mit einem Blick.

Kramer erhob sich. »Wenn du also einverstanden bist, rufe ich deine Eltern jetzt an.«

Milla seufzte. »Muss das jetzt gleich sein?«

Kramer deutete zur Uhr. »Stell dir vor, sie entdecken zufällig dein leeres Zimmer. Kannst du dir die Sorgen vorstellen, die sie sich machen werden?«

Milla musste nachgeben. »Sie haben wohl recht.«

Kramers Blick ging zur Tür, in der vorhin sein Kollege verschwunden war. In seinen Augen funkelte für einen Moment ein Gedanke auf.

»Magst du im Nebenraum warten, während ich deine Eltern anrufe?«, fragte er. »Das ist vielleicht eine gute Idee.«

Milla sah ihn dankbar an. Allmählich kam sie zur Ruhe. Dieser ältere Polizist hatte ihr wirklich gutgetan. »Einverstanden«, antwortete sie daher und stand auf.

Kramer ging zur Tür, legte eine Hand auf die Klinke, blickte aber Milla noch einmal in die Augen, bevor er öffnete und sagte: »Du bist ein gutes Mädchen, Milla. Du hast dich bloß völlig verrannt. So was kommt wieder in Ordnung.«

»Danke!«, gab Milla zurück. Dann sah sie zu, wie Kramer die Tür öffnete, und ging in den Nebenraum.

Sie machte einen Schritt in den Raum und blieb erstaunt stehen. Dort saß ein beinahe gleichaltriges Mädchen. Sie bekam kaum mit, dass Kramer hinter ihr die Tür schloss.

Irgendetwas klickerte in Milla. Kannten sie sich? Sie sah sich ihr Gegenüber genau an. Die dunkle Haut, die schwarzen Haare, diese leuchtenden Augen, die im Moment aber so tränenunterlaufen waren wie Millas Augen wahrscheinlich auch.

Ging dieses Mädchen nicht in Millas Schule? Milla

kramte in ihren Erinnerungen, während sie den Blick nicht von dem Mädchen abwenden konnte.

Das Mädchen selbst hatte Milla nur flüchtig angesehen. Jetzt schaute sie wieder zu Boden. Genau so, wie sie es getan hatte, als Milla eingetreten war.

Nun erinnerte sich Milla. Dieses Mädchen stand in der Pause immer mit einigen Mädchen aus der Neunten zusammen. Aber sie war noch neu. Erst seit ein paar Wochen auf der Schule. Sie und ihre Familie waren mit einer Gruppe von geflüchteten Jugendlichen in ihrem Ort angekommen. Alle in der Schule kannten diese Jugendlichen und eigentlich hätte Milla sie sofort erkennen müssen. Doch bei all dem Chaos, das in ihr gerade abging, war das erst einmal nicht möglich gewesen.

»Hi«, brachte sie endlich raus und nahm sich einen der drei übrigen Stühle im Raum. Sie setzte sich dem Mädchen gegenüber in die Ecke.

Erst folgte keine Reaktion, dann blickte sie auf, sah Milla mit traurigen Augen an und sagte ebenfalls knapp »Hi«, bevor sie den Kopf wieder senkte.

Auch Milla ließ den Kopf hängen. Sie wollte über all das nachdenken, was sie hierhergeführt hatte, doch es fiel ihr schwer. Es lag wohl daran, dass sie Kramer alles so genau und im Detail berichtet hatte, dass nun in ihrem Kopf nur noch die Angst vor der Reaktion ihrer Eltern Raum fand. Alles andere war ausgeklammert. Alles, was sie die ganzen letzten Wochen so beschäftigt hatte … bis auf dieses Mädchen ihr gegenüber. Immer wieder schaute sie möglichst unauffällig das Mädchen von der Seite an.

»Ich glaube, ich kenne dich«, brach es plötzlich aus Milla raus, sie erhielt jedoch als Antwort nur ein kurzes Aufblicken.

»Wir gehen in dieselbe Schule, glaube ich«, wagte Milla einen weiteren Versuch.

Wieder nur ein kurzes Aufblicken, ansonsten weiterhin Schweigen.

»Ich … ähm …« Der Versuch, ein Gespräch anzufangen, scheiterte. Was sollte Milla sagen?

»Was machst du hier so?« oder »Warum bist du hier?«, wären ja völlig fehl am Platz. Von sich selbst erzählen mochte Milla auch nicht. Das hatte sie vorhin getan. Stundenlang. Darauf hatte sie jetzt ganz bestimmt keine Lust mehr.

Da fiel ihr Kramers Vorgehensweise ein, als sie ins Polizeipräsidium gestürzt war. Sie dachte an die Frage, mit der er Milla eine erste Antwort entlockt hatte: »Kann ich deinen Namen erfahren?«

Dieses Mal erhielt sie eine Antwort. »Warum?«, erklang es aus der anderen Raumecke, dieses Mal, ohne dass der Kopf gehoben wurde.

»Weil …« Milla war zunächst perplex wegen dieser Antwort, doch dann gab sie zurück: »Ich glaube, wir werden eine Zeit lang hier drin abhängen müssen. Also, gemeinsam. Und da wüsste ich gern, mit wem ich es zu tun habe. Klar?«

Die letzten Worte hatten fast motzig geklungen. Doch anscheinend hatte das gewirkt. Denn dieses Mal hob sich der Kopf und die Antwort war zu hören: »Maryam.«

»Hallo«, gab Milla schnell zurück. »Ich bin Milla.«

Maryam nickte und blickte auf ihre Hände, die sie auf dem Schoß ausgebreitet hatte.

Milla wagte dennoch einen Vorstoß: »Du bist in der Neun, oder?«

Maryam blickte auf. »Neun. Ja. Neunte Klasse«, gab sie zur Antwort und erst jetzt fiel Milla auf, dass Maryam Deutsch mit Akzent sprach.

Warum war sie wohl hier?

Milla schaute sie weiter an. Natürlich konnte sie das nicht so einfach fragen. Vielleicht auf Umwegen.

»Bist du schon lange hier?«, fragte sie und deutete hilflos auf den kargen Raum.

Maryam nickte müde. »Drei Stunden jetzt. Sie suchen meine Eltern. Finden sie nicht, sagen sie. Ich hab ihnen Adresse gegeben, aber sie sagen, sie finden nicht.«

»O Mann! Drei Stunden! Das ist mies!«

Maryam deutete zur Tür. »Polizist ist nett.«

»Kramer? Ja, wirklich. Er hat mir richtig helfen können.«

»Warum bist du hier?«, fragte Maryam, die offensichtlich kein Problem damit hatte, diese Frage offen zu stellen.

Milla überlegte kurz. Nicht, *ob* sie Maryam das berichten sollte, sondern eher, *wie*. Sie konnte sich ja selbst noch nicht erklären, wie das alles passieren konnte. Wie also sollte sie eine Kurzfassung dazu abgeben?

»Ich hab fast Mist gebaut«, sagte sie schließlich. »Ich wollte was Blödes tun, bin dann aber hierhergekommen.«

Maryam riss die Augen auf. »Du bist selbst hierhingekommen?«

»Als Schutz. Vor mir selbst. Bevor ich eben etwas Dummes mache. Verstehst du das?«

Maryam nickte. »Das verstehe ich gut. Das war klug von dir.«

Milla schaute ihr Gegenüber verblüfft an. Hatte sie das gerade wirklich gehört? »Klug?«

»Sagt man so nicht auf Deutsch: klug? Oder heißt es schlau?«, gab Maryam zurück.

»Doch, schon. Ich dachte nur …« Milla verstummte.

Maryam lächelte sie an. »Ich war nicht so schlau und so klug wie du«, sagte sie.

Nun wagte Milla doch zu fragen: »Warum bist du denn hier?«

Maryam machte mit der Hand eine Geste über dem Tisch und Milla verstand sofort: »Du hast gestohlen?«

»Ich wollte. Wurde erwischt.«

Milla stand von ihrem Platz auf und setzte sich auf einen anderen Stuhl, der etwas näher an Maryam stand. »Was wolltest du denn stehlen?«

Es schien, als würde sich Maryam freuen, darüber zu sprechen. Gerade so, als tue es ihr gut, das alles abzuladen. Milla verstand sie bestens. Immerhin ging es ihr ebenfalls viel besser, seit sie sich Kramer anvertraut hatte.

»Kennst du Elektromarkt neben Brunnen in Stadt?«

Milla nickte. »Du meinst den riesigen Laden am Rathaus. Klar. Da wolltest du was stehlen?«

»Ich dachte, so großer Laden findet das nicht so schlimm.«

»Worum ging es denn?«, hakte Milla nach. »Kopfhörer? Handy? DVDs?«

»Laptop«, sagte Maryam und beschrieb mit den Fingern ein Rechteck auf dem Tisch in diesem Raum.

»Und sie haben dich erwischt?«

Maryam verzog erneut das Gesicht. Es war ihr anzusehen, wie unangenehm ihr das war. »Ja. Ich war nicht gut im Stehlen. Sie haben gesehen, was ich mache. Sie haben mich hierhergebracht.«

»Ein Laptop zu stehlen, ist aber auch schwierig. Man kann es ja nicht unter dem Shirt …«

»Und Drucker«, unterbrach Maryam sie.

»Was?«

»Brauche auch Drucker. Wollte ich ebenfalls stehlen. In Elektromarkt neben … neben … wie heißt das Haus?«

»Rathaus«, gab Milla zurück. »Du wolltest Laptop und Drucker stehlen?«

Maryam nickte. »Du kennst Herr Burger?«

Milla stutzte. »Aus der Schule? Unser Erdkundelehrer?«

»Genau. Erdkundelehrer. Herr Burger.«

Milla schüttelte verständnislos den Kopf. »Was hat er damit zu tun? Hat er dich erwischt?«

Maryam lachte auf und steckte Milla damit an. Auch sie musste lächeln. Es war Millas erstes Lächeln an diesem Tag. Vielleicht das erste Lächeln seit Tagen.

»Nein«, sagte Maryam amüsiert. »Herr Burger hat nichts mit meinem Stehlen zu tun. Aber er mag … mag … wie heißt das Wort, Milla? Wenn man für die Schule vorbereitet …?«

»Referat?«

»Genau, Milla. Danke. Referat.«

»Du solltest ein Referat schreiben für Herrn Burger?«

Maryam nickte erneut. »Kam auf mich zu, Herr Burger. Vor ein paar Tagen. Wollte wissen, was ich mag und welche Fächer ich in meiner Schule früher mag.«

»Mochte«, korrigierte Milla und hätte sich auf die Zunge beißen können dafür.

Doch Maryam nahm die Hilfestellung gern auf. »Welche Fächer ich mochte«, verbesserte sie sich. »Damals in Eritrea.«

»Du kommst aus Eritrea?«, hakte Milla nach. Schuldbewusst musste Milla sich eingestehen, dass sie niemals nachgefragt hatte, während sie in ihrer *Pop-U-up*-Blase gewesen war. In der Schule hatte es immer geheißen »geflüchtete Jugendliche aus Afrika«.

Maryam nickte wieder. »War langer Weg bis hierher. Herr Burger hat mich gefragt, welche Fächer ich … äh, mochte. Ich sagte, Geografie und Sprachen. Und er fragte, ob ich ein … äh, Referat schreiben wollte. Ich soll mir Thema suchen und Referat schreiben.«

Milla verstand nicht. »Das ist doch super. Aber was hat das mit deinem Versuch zu tun, etwas zu stehlen?«

»Ich wollte gutes Referat schreiben«, erklärte Maryam. »Ich wollte Herr Burger zeigen, dass ich etwas kann. Viele Menschen hier denken, Menschen aus Afrika sind dümmer. Ich wollte zeigen, dass das nicht stimmt.«

Langsam dämmerte Milla, worauf Maryam hinauswollte. »Deine Familie besitzt kein Laptop?«, fragte sie.

»Und kein Drucker«, war die Antwort. »Andere Dinge sind jetzt wichtig. Und für alles müssen wir … wie heißt das … Anträge stellen. In dem … äh … Haus …«

»Rathaus?«, half Milla.

Maryam lächelte. »Im Rathaus. Da gibt es … warte, es fällt mir ein … warte … da gibt es: Behörde. So heißt das Wort. Und für alles müssen wir zu der Behörde. Sie haben uns Wohnung gegeben. Wir leben dort. Aber für jeden Stuhl, für jedes Bett, für Essen und Kleidung und so, wir müssen zur Behörde ins Rathaus …«

»… um Anträge zu stellen.«

»Ja. Und das dauert, bis Anträge … äh …«

Wieder half Milla: »… genehmigt sind?«

Maryam nickte abermals. »Schwieriges Wort«, sagte sie.

»Total deutsches Wort«, ergänzte Milla. »Anträge, Behörden, Genehmigungen – das ist alles typisch deutsch.«

»Deshalb wollte ich Laptop und Drucker stehlen. Ich weiß nicht, wie lange wir hier sein werden. In der Stadt. In Deutschland. Keiner sagt uns das. Und ich wollte Herr Burger zeigen, dass Menschen aus Eritrea auch kluge Dinge tun.«

Maryams Worte berührten Milla sehr. Sie fühlte mit diesem Mädchen und sie hatte Tausende Fragen in ihrem Kopf. Vor allem aber diese: »Wieso benutzt du nicht die PCs der Schule? In der Bücherei? Kennst du die?«

»Natürlich.« Maryam rückte mit ihrem Stuhl nun auch näher an Milla heran. »Ich war da oft und oft. Aber immer alle … äh, wie sagst du?«

»Besetzt? Haben schon andere daran gesessen?«

»Gesessen und gearbeitet. So hab ich mein Referat erst auf Papier geschrieben. Aber jetzt mein Referat ist fertig. Ich möchte es in Computer schreiben und ausdrucken. Möchte es Herr Burger geben.« Sie seufzte. »Ich wollte auch andere Mädchen fragen. Aus der Klasse. Wollte fragen, ob ich an ihren Computer darf. Aber ich traute mich nicht. Menschen sind nicht immer nett zu uns. Sie sagen, wir sind fremd. Sie sagen, wir sehen anders aus. Sie sagen, wir sprechen anders. Wir … riechen anders. Ich … ach, ich weiß nicht. Ich … ach … Jetzt wird es Ärger geben. Viel Ärger und Streit. Ich habe meiner Familie Unglück gebracht.«

Milla saß vor Maryam und schwieg. Trotz Maryams Frage und trotz ihrer eigenen tausend Fragen im Kopf schwieg sie. Denn es fehlten ihr die Worte. Sie schaute nachdenklich auf Maryam. Gegen ihre Probleme waren Millas Sorgen und Nöte ja wohl völliger Luxus. Hier saß ein Mädchen, das erst kürzlich in ihrer Stadt angekommen war, aber bereits sehr gut Deutsch sprach und verstand, weil sie bestimmt hart daran arbeitete. Das glaubte Milla zu erkennen. Hier saß ein Mädchen vor ihr, das geflüchtet war. Das sicherlich viele Dinge verloren und zurückgelassen hatte. Das sich neu einfinden und ein ganz neues Leben aufbauen musste. Sie saß in dieser Polizeiwache, weil sie sich beweisen wollte.

Und Milla? Sie saß auch in dieser Polizeiwache, weil sie sich beweisen wollte. Aber aus anderen Gründen. Ganz anderen Gründen. Aus … reinem Egoismus?

Maryam rückte noch ein Stück näher an Milla heran und sah sie besorgt an. »Verurteilst du mich?«, fragte sie und Milla wunderte sich, dass ihr dieses sehr schwierige Wort so vertraut war. »Verurteilen?«, gab Milla zurück. »Ich? Dich? Wie kommst du darauf?«

»Du sagst kein Wort mehr. Seit ich dir erzählt habe von meinem Stehlen, sagst du kein Wort mehr.«

Nun konnte sich Milla nicht zurückhalten. Sie ging vor Maryam in die Hocke, so wie Herr Kramer es vorhin bei ihr getan hatte, und schlang beide Arme um Maryam und drückte sie fest an sich. Sehr fest und sehr lange. Wange an Wange blieben sie umschlungen sitzen und Milla spürte, wie ihr Gesicht feucht wurde. Sie spürte Maryams Tränen an sich herablaufen und drückte das Mädchen nur noch fester an sich.

Minuten um Minuten vergingen, ohne dass die beiden sich rührten. Plötzlich wurde die Tür geöffnet. Kramer stand im Türrahmen. Er wirkte sehr übernächtigt und müde.

Er holte tief Luft, um etwas zu sagen, doch dann verschlug es ihm die Sprache, als er die beiden Mädchen eng umschlungen dasitzen sah.

Dann lächelte er. »Milla, deine Eltern sind hier, um dich abzuholen«, sagte er leise, um die Mädchen nicht zu erschrecken.

Milla und Maryam lösten sich voneinander und blickten zu Kramer auf. Er bemerkte, dass nicht nur Maryam einige Tränen losgeworden war. Beide Mädchen hatten rot geränderte Augen, aber beide Augenpaare blickten ihn hoffnungsvoll an.

»Ach, meine Eltern«, stieß Milla hervor. »Stimmt!« Nur langsam kam ihr die eigene Situation wieder in den Sinn. Ihr Kopf war noch von dem gefüllt, was Maryam ihr anvertraut hatte, und von all den Fragen, die Milla ihr noch stellen wollte. Doch jetzt lag ihr nur eine einzige Frage auf der Zunge: »Wird sie Ärger bekommen?«, fragte sie Kramer und deutete zu Maryam.

»Hat sie dir erzählt, worum es ging?«, fragte er zurück.

»Ja, schon.«

»Würdest du sie verurteilen?«

Milla sprang auf. »Auf keinen Fall! Sie hat doch …«

Kramer hob die Hand. »Sagen wir so: Ich hab mit dem Inhaber des Elektromarktes schon gesprochen. Auch er kennt jetzt die ganze Geschichte und die Zeitung war ja voll davon in den letzten Wochen. Keine einfache Geschichte und auch er hat sich so seine Gedanken gemacht.«

Milla verstand die Andeutung und es war ein echter Befreiungsschlag. Maryam würde also keine Anzeige bekommen. Sie würde ihrer Familie sicherlich alles gut erklären können. Vielleicht mit Herrn Burger zusammen.

Sie drehte sich noch einmal zu Maryam um.

»Danke«, sagte Maryam. »Und auf Wiedersehen.«

»Ganz bestimmt«, antwortete Milla und hätte Maryam am liebsten noch einmal an sich gedrückt. »Ganz bestimmt.«

Dann folgte sie Kramer aus dem Raum zu ihren Eltern, die im Vorraum an der Theke warteten, auf der sich noch immer winzige Spuren von Millas Blut befanden.

18
Enthüllungen im Livestream

‖‖‖

»Hallo, alle zusammen. Eigentlich sollte ich diesen Stream jetzt mit einem coolen Spruch eröffnen, aber tatsächlich muss ich ganz offen und ernst mit euch sprechen.« Milla stand inmitten ihres Zimmers, in lässigen Klamotten, die Haare offen, den Blick klar auf die Kamera gerichtet. Sie stand so nahe, dass man ihr Gesicht gut sehen konnte, denn sie wollte, dass es allen möglich war, in ihre Augen zu schauen, wenn sie jetzt sprach.

Wie automatisch ging ihr Blick nach unten zum Displayrand, dorthin, wo die Zahlen angezeigt wurden. Doch schnell hob sie den Blick wieder an. Sie wollte die Zahlen nicht sehen. Denn jetzt und hier ging es nicht um Zahlen. Jetzt und hier ging es um ganz andere Dinge. Es ging um …

»… Wahrheit«, sprach Milla in die Kamera. »Das ist das Thema, zu dem ich euch heute etwas sagen muss: Wahrheit. So habe ich diesen Livestream angekündigt heute Morgen, und das könnt ihr jetzt auch erwarten: Ich werde ehrlich zu euch sein.«

Sie atmete tief ein. Ihre Mutter, die ihr heute die Kamera hielt, zwinkerte ihr aufmunternd zu. Niemand, der sie in dieser Situation sehen würde, hätte vermutet, dass die beiden sich noch vor wenigen Wochen so entzweit hatten. Dass Milla bei der Polizei hatte abgeholt werden müssen. Natürlich hatte tagelang dicke Luft im Haus geherrscht. Gerade durch ihren Vater, der mit der ganzen Situation völlig überfordert gewesen war.

Doch es hatte Gespräche gegeben. Und Tränen. Und Gespräche mit Tränen. Und dann hatte es Verständnis gegeben. Und Umarmungen. Und Gespräche mit Umarmungen.

Da hatte Milla vieles begriffen. Ihre Eltern wohl auch.

Jetzt hätte die Mutter bestimmt gern einen Daumen in die Höhe gehoben, um sie zu bestärken, aber damit hätte sie auch das Kamerabild des Tablets zum Wackeln gebracht, mit dem sie den Livestream aufnahm.

Der erhobene Daumen kam daher von Millas Vater, der vor ihr im Schneidersitz auf dem Boden hockte, zu ihr heraufblickte und ihr die DIN-A4-Blätter hielt, auf denen sie in großen Buchstaben die Stichworte notiert hatten, die Milla bei diesem Livestream ansprechen wollte. Dieser ganz besondere Stream war eine Teamarbeit. Denn nachdem Milla nach ihrem Aufenthalt bei der Polizei ihren Eltern alles gestanden und ihnen auch von Maryam und ihren Sorgen um sie berichtet hatte, da waren sie übereingekommen, sich gemeinsam starkzumachen. Gestern hatten sie die halbe Nacht zusammengesessen und diesen Auftritt vorbereitet.

»Wahrheit!«, wiederholte Milla. »Einige von euch haben es ja bereits angesprochen, dass sie mir viele meiner Aussagen in den früheren Streams nicht geglaubt haben. Viele meinten, ich würde lügen und auch betrügen. Und hey: Ihr habt recht gehabt. Ich hatte mich total verrannt.

Ich hab mich total von diesen Followerzahlen und Likes abhängig gemacht, bis ich es völlig übertrieben habe. Deshalb kann ich nur warnen: Macht es nicht wie ich. Werdet nicht fake.«

Ihr Vater hob erneut den Daumen in die Höhe. Dieses Wort hatte er selbst mit einem dicken Stift auf das Papier geschrieben, das er in die Höhe hielt. Nun zog er es zur Seite und gab den Blick auf das nächste Blatt frei, auf dem groß das Wort »Entschuldigung« geschrieben stand.

»Ich möchte mich bei euch entschuldigen«, sagte Milla. »Und ich hoffe, ihr versteht mich und seht mir das nach.«

Allmählich spürte sie, dass sie doch gern einen Blick auf die Zahlen werfen wollte. Nicht, um zu sehen, ob sie gelikt wurde. Vielmehr interessierte sie, ob ihr überhaupt noch jemand zuhörte. Aber ihre Mutter hielt das Tablet so, dass das Display nicht zu Milla zeigte. So hatte Milla es mit ihr abgesprochen. Zu groß war ihre Sorge, dass die Zahlen doch wieder ihre Konzentration beeinträchtigen könnten.

»Wenn ihr mir eine Chance gebt und euch noch nicht aus meinem Stream klickt, dann lasst mich bitte noch etwas sagen.«

Ihr Vater zog das neue Blatt hervor. »Maryam, Eritrea und Flucht« stand darauf geschrieben.

»Neulich hab ich ein Mädchen kennengelernt, das es nicht leicht hat. Sie stammt aus Eritrea, einem Land in Ostafrika. Und … und …«

Sie stockte und atmete hörbar durch, bevor sie fortfuhr: »Und ich möchte sie euch gern vorstellen.« Milla schaute über die Kamera hinweg. »Maryam, kommst du?«

Es brauchte einige Sekunden, da trat Maryam vor die Kamera, allerdings stellte sie sich so neben Milla, dass man nur ihren Rücken sehen konnte. Milla wandte den Kopf zu ihr.

»Ich finde es total mutig, dass du dich vor die Kamera stellst«, sagte sie.

Maryam nickte und antwortete: »Ich darf aber mein Gesicht nicht zeigen. Mein Vater sagt, das ist gefährlich für Familie.«

»Weil dein Vater gesucht wird?«

Maryam nickte erneut. »Er ist in Opposition. Das heißt, er gehört nicht der Regierung an und möchte Gesetze in Eritrea ändern.«

»Deshalb seid ihr geflüchtet?«

»Ja. Wir haben von Freunden erfahren, dass Papa gesucht wird. Man will ihn einsperren. In Eritrea herrscht Folter. Wir wollten nicht, dass er ... dass er ...«

Maryam senkte den Kopf. Milla wurde klar, dass sie dem Mädchen gerade einiges abverlangte.

»Und so seid ihr nach Deutschland gekommen?«, fragte sie, um das Gespräch ein wenig umzulenken.

»Ja, wir beantragen Asyl. Also, wir hoffen auf Hilfe in Deutschland.«

»Wie seid ihr hierhergekommen?«

»Mit Booten. Zu vollen Booten. Tagelang über das Meer. Dann unendliche Wanderungen. Durch viele Länder. Es war ... war ... schwierig.«

Milla atmete einmal tief ein und aus. Maryams Geschichte ging ihr immer noch sehr nahe. In den beiden letzten Tagen hatten sie sehr viel miteinander gesprochen und diesen Stream vorbereitet. Maryams Schicksal ging Milla tiefer unter die Haut als ihre spitzen Fingernägel es jemals in die Handinnenflächen geschafft hatten.

Maryam trat zur Seite. Für die User war sie nun nicht mehr zu sehen, doch Milla blickte ihr nach, bis Maryam sich auf den Bettrand setzte. Sie wirkte erschöpft. Tränen flossen ihr über das Gesicht. Milla hätte sich gern zu ihr gesetzt und sie in den Arm genommen, doch sie musste erst den Stream beenden.

»Maryam geht nun in meine Schule«, berichtete Milla also in die Kamera hinein. »Sie gibt sich irre viel Mühe, Deutsch zu lernen, und sie macht das richtig gut, wie ihr gerade selbst hören konntet. Außerdem sieht sie eine Chance, in Deutschland was zu werden, und strengt sich in der Schule an. Sie ist echt in Ordnung und eine wirklich gute Freundin.«

Ihr Vater zog das nächste Blatt hervor. Milla las das Stichwort, das darauf stand, atmete noch einmal tief durch und wechselte das Thema: »Aber warum erzählen wir euch das alles? Maryams Familie braucht Hilfe. Sie haben einige Anträge gestellt, damit sie in Deutschland bleiben dürfen, aber diese Vorgänge dauern unendlich lange. In all der Zeit brauchen sie aber schon ein paar Möbel, Lebensmittel, einen PC mit einem Drucker, damit Maryam und ihre Brüder lernen können. Und sie brauchen natürlich ... Kleidung.« Milla machte eine weit ausholende Geste in ihrem Zimmer. »Und damit schließt sich ein Kreis zu meinem Account hier bei *Pop-U-up*. Ich habe ihn ursprünglich eingerichtet, um über Kleidung zu erzählen. Jetzt aber möchte ich diesen Account und all meine Follower nutzen, um mich für Maryams Familie starkzumachen. Bitte: Wenn es euch möglich ist, spendet uns etwas. Jeder Euro hilft. Ja, ich verstehe natürlich, dass es ironisch ist, dass gerade ich euch um Vertrauen bitte. Gerade ich, die euch so belogen hat. Aber ihr merkt bestimmt, dass es mir nun ernst ist und dass ich ehrlich zu euch bin. Ich werde jede Woche online gehen und euch erzählen, wie es Maryam und ihrer Familie geht. Und ich werde euch jedes Mal sagen, wie viel Geld gespendet wurde und was damit passiert ist. Ich darf das Geld nämlich nicht einfach der Familie geben. Dann wird ihnen das von den Leistungen abgezogen, die sie vom Staat bekommen. Aber wir dürfen ihnen Dinge besorgen und schenken. Von dem ersten Geld, das kommt, wollen wir einen PC und einen Drucker kaufen. Maryam und ihre Brüder brauchen beides sehr dringend für ihre Schule und für das Studium. Von weiterem Geld werden dann Lebensmittel, Möbel und Kleidung gekauft. Ich schwöre euch, ich werde ganz sorgfältig arbeiten. Ich werde ehrlich sein und alles …« Sie suchte nach dem Stichwort auf dem Blatt in den Händen ihres Vaters. »… transparent machen. So heißt es: transparent. Ihr könnt jederzeit fragen, was mit eurem Geld geschieht. Und … und … und …«

Ihr Vater hatte die Hände frei. Die Stichworte waren abgearbeitet. Es gab nichts mehr zu sagen.

Wirklich nichts mehr?

»Nur noch diese beiden Dinge möchte ich euch sagen: Erstens entschuldige ich mich noch einmal für mein Verhalten. Das war sch… äh, nicht in Ordnung. Und dann möchte ich mich mit Maryam zusammen von euch verabschieden.«

Maryam erhob sich vom Bettrand und trat wieder vor die Kamera. Ihr Gesicht zeigte sie noch immer nicht. Dafür streckte sie eine Hand so aus, dass sie in die Kamera winken konnte.

»Danke für euer Interesse«, sagte Milla. »Nun möchte ich eure Kommentare lesen. Ich bin wahnsinnig gespannt.«

Ihre Mutter lächelte und drehte das Tablet so herum, dass Milla das Display sehen konnte.

Doch Milla wollte sich in diesem Moment nicht um Zahlen kümmern. Ihr war etwas ganz anderes wichtig.

Sie trat auf Maryam zu und drückte sie fest an sich. »Geht es dir gut?«

Maryam genoss die Umarmung. Milla konnte spüren, wie sie sich ein wenig entspannte. Erst dann gab Maryam Antwort: »Es war schwer.«

»Das kann ich mir vorstellen«, antwortete Milla und drückte Maryam noch ein wenig enger an sich heran. »Aber du hast das gut gemacht.«

Maryam löste sich aus der Umarmung. »Bestimmt?«

Nun trat Millas Mutter an Maryam heran und legte ebenfalls beide Arme um sie.

»Ja, du warst sehr überzeugend und bist sehr sympathisch herübergekommen.«

Maryam wunderte sich. »Sympathisch? Aber ich habe doch nur Rücken gezeigt. Das ist … das ist … wie sagt man auf Deutsch?«

»Unhöflich?«, half die Mutter aus.

»Ja. Ist unhöflich, Ist nicht nett.«

»Aber du hast es ja gut erklärt«, wandte sich der Vater an Maryam. »Ich vermute mal, dass ihr gerade viele Menschen zum Nachdenken gebracht habt.«

Die Mutter zückte das Tablet. »Das musst du nicht vermuten«, antwortete sie. »Das kann ich euch belegen.«

Sie hielt das Tablet so, dass alle die Zahlen erkennen konnten: **Viewer: 1548 / Follower: 1006 / Like: 958 / Dislike: 65.**

»Wahnsinn!«, entfuhr es ihr. »Papa, du hast wohl recht: Da haben sich einige Leute reingeklickt.« Ihr Blick ging auf die letzte Zahl und sie verzog das Gesicht. »Manche nehmen es mir allerdings richtig übel, dass ich vorher so mies war. Das erklärt die Dislikes. Und ich kann es ja auch verstehen.«

Die Mutter legte eine Hand auf ihre Schulter: »Du hattest dich verrannt, Milla. Wir haben es ja besprochen.«

»Und außerdem«, wandte der Vater ein, »haben vielleicht einige Follower den Dislikebutton gedrückt, weil sie gegen die Aufnahme von Geflüchteten waren.« So etwas war immer wieder in den Nachrichten zu hören und auch in der Schule wurde darüber gesprochen.

Die Kommentarspalten füllten sich und Milla konzentrierte sich auf die Rückmeldungen:

Fritten-Fan_2011: **Fehler kann man machen. Wichtig ist, wie man damit umgeht. Und du hast dich entschuldigt, Milla. Damit ist für mich alles okay.**

Bella_Stella: **Maryams Geschichte rührt mich total. Ich will helfen.**

Anonym_12345: Ich feiere dich, dass du deinen Account für Maryam hergibst.

Fußballgott_2003: Super Aktion. Echt endgeil!

Manche User hatte schon erste Ideen:

Herr Meier: Hey, muss es ein neuer PC sein? Ich hab noch ein gutes Laptop, kaum gebraucht. Gib Adresse und ich schicke.

Elvis_lebt: Hey, Milla, kannst du sagen, ob auch Decken und so was gebraucht werden? Ich könnte über die Firma meiner Mutter was besorgen.

Marion_Schreiner_1987: Ich frage mal in der Schule, ob wir einen Spendenlauf für deine Aktion machen können. Da kommt immer ordentlich was zusammen.

Aber natürlich gab es auch negative Resonanz:
Der-Weisheit-letzter-Schultz: Du warst kacke und bist immer noch kacke.

Joh_Lo_Wi: Wer einmal lügt ...!

Milla hob den Blick von den Kommentarspalten und blickte erneut in die Tabletkamera, die ihre Mutter noch immer für sie festhielt. Sie beschloss, die negativen Rückmeldungen in den Hinterkopf zu schieben, und freute sich dafür über den Zuspruch der anderen.

»Danke!«, sagte Milla gerührt. »Das ist der Hammer, wie ihr reagiert. Ich danke euch sehr. Nächste Woche um die gleiche Zeit werde ich euch berichten, was sich alles getan hat und wie wir Maryam helfen konnten, okay? Danke und alles Gute – für jeden und jede und für alle von euch.«

Die Mutter stoppte den Stream und schaute glücklich zu Milla auf.

»Da hast du ja was in Gang gebracht, was?«

Ihr Vater erhob sich aus seinem Schneidersitz. »Wenn das alles so anläuft, wie es den Anschein hat, werden wir nicht nur Maryams Familie unterstützen.«

Milla lachte: »Ja, diesen Gedanken hatte ich auch schon.«

19
Lächeln in ihren Gesichtern

||||||||||||||||||||||||||||||||||||||||||||||||||||||||||||||||||||||||||||||||||||||||||||||||||||

Der Erfolg war überwältigend. Schon jetzt, nur zwei Wochen nach Millas Livestream, hatten sie so viele Sachspenden und Geld zusammen, dass sie Kontakt zu einer Hilfsorganisation aufgenommen hatten, die sich ebenfalls für geflüchtete Familien einsetzte. Auch Maryams Familie half kräftig mit. Sie trafen sich zweimal in der Woche mit Milla in einer alten Garage, wo sie die Kleider- und Sachspenden sammelten. Dort sortierten und verpackten sie alles in Kartons, die sie beschrifteten und der Organisation zur Verfügung stellten.

Millas Vater hatte es sich zur Aufgabe gemacht, alles Geld, was gespendet wurde, zu verwalten, und half Milla, es so aufzubereiten, dass sie in ihren jetzigen Livestreams stets eine Karte zeigen konnte, auf der diese Verläufe einzusehen waren. Sie wurde immer glaubwürdiger und die Zahlen und die Unterstützungen schossen in die Höhe.

In der Schule wurde sie angesprochen, die Tageszeitung hatte über sie berichtet und jetzt hatte sogar das lokale Fernsehen angefragt, ob Milla für ein Interview zur Verfügung stehe.

All das freute Milla total. Sie war glücklich. Doch vor allem genoss sie die Freundschaft zu Maryam.

Aber natürlich gab es da noch ihre anderen Freundinnen.

»Na?« Es fiel Milla nicht leicht, an Kathy und Lia heranzutreten. Sie standen an ihrem üblichen Platz bei der riesigen Eiche auf dem Schulhof und warteten darauf, dass der Gong erklang und sie in das Gebäude konnten.

Kathy und Lia fiel es schwer, Milla in die Augen zu sehen.

»Na?«, versuchte es Kathy aber dennoch.

Milla wagte den direkten Schritt: »Seid ihr sauer?«

»Weil du uns belogen hast?«, gab Lia zurück. »Oder weil du uns überhaupt nicht vertraut hast in der letzten Zeit?«

Milla senkte den Kopf. »Ich weiß. Ich …«

Nun wagte Kathy den direkten Schritt: »Warum hast du denn nichts gesagt? Wieso hast du uns nicht um Hilfe gebeten?«

Milla schaute auf. »Hilfe? Bei den Livestreams?«

»Bei allem!«, entgegnete Kathy etwas lauter, als vielleicht beabsichtigt. »Wir hätten dir beistehen können.«

»Oder wir hätten dich von dem ganzen Wahnsinn abgehalten«, ergänzte Lia. »Mensch, Milla. Da hattest du dich echt in was reingeritten. Ey, das hätte übel ausgehen können.«

»Mittlerweile weiß ich das«, sagte Milla. »Und ja, ich geb zu: Ich hätte ehrlich zu euch sein müssen. Hätte euch sagen sollen, was …« Sie seufzte. »Es tut mir leid. Ich war wie im Wahn. Es gab nur noch diesen Account für mich. Nur noch *Pop-U-up* und Followerzahlen und …«

Sie atmete tief aus.

Für einen Moment herrschte Schweigen. Dann schrillte die Glocke in die Stille der Mädchen hinein und riss alle drei aus ihren Gedanken.

»Vielleicht sollten wir uns heute Mittag mal treffen?«, schlug Kathy vor.

Millas Augen leuchteten. »Echt?«

»Lass uns mal reden«, warf Lia ein.

Und Kathy fügte an: »Bei mir? Um drei? Vielleicht magst du Maryam mitbringen?«

Milla war perplex: »Ernsthaft?«

»Das ist schon sehr stark, was ihr da macht«, antwortete Kathy. »Vielleicht können wir ja helfen.«

Milla kam aus dem Staunen gar nicht mehr heraus. »Das heißt, ihr verzeiht mir?«

Lia nahm sie in die Arme. »Klar. Lass uns heute Mittag mal reden.«

Auch Kathy drückte sie an sich. »Du wirst bloß versprechen müssen, dass du so 'ne Scheiße nicht noch mal abziehst.«

Milla war unendlich dankbar. »Das kann ich ganz bestimmt versprechen. Es gibt ja noch eine Menge andere Scheiße, die man abziehen kann.«

Lia und Kathy lachten. »Oder du lässt das mit der Scheiße sein und wir konzentrieren uns auf die Hilfe für Maryam.«

»Danke!«, sagte Milla.

Lia und Kathy wandten sich schon zum Eingang der Schule um, doch Milla blieb stehen. So, wie sie es vor einigen Wochen getan hatte.

»Kommst du nicht mit?«, erkundigte sich Lia.

»Gebt mir eine Minute«, antwortete Milla und die Freundinnen verstanden.

»Bis gleich«, sagte Kathy und ging mit Lia zusammen auf das Schulgebäude zu.

Milla blickte ihnen nach. In ihrem Kopf überschlugen sich die Gedanken. Sie brauchte einige Augenblicke, bis sie sich fangen konnte, dann trat auch sie auf die Schule zu.

20
Bisse im Gewissen

||||||||||||||||||||||||||||||||||||||||||||||||||||||||||||||||||||||||||||

Milla ging neben Maryam durch die Mall. Ihr war danach, die Fingerspitzen in die Handinnenflächen zu drücken, doch das wollte sie sich ja abgewöhnen. So presste sie nur die Fingerkuppen aufeinander vor Aufregung.

»Ich danke dir sehr, dass du mich begleitest«, sagte Milla. »Allein würde ich mich das nicht trauen.«

Maryam legte eine Hand auf ihre Schulter. »Ich finde das richtig von dir. Ich freue mich, dass du das machst.«

Milla nickte. »Danke«, sagte sie noch einmal. Und sie ahnte, dass dieses Gefühl, dass sie bei diesem Schritt verspürte, dasselbe war, das Maryam vor ihrem Auftritt im ersten Livestream gefühlt haben musste: pure Angst vor dem, was kommen wird.

Schließlich waren sie vor dem Laden. Für einen Moment blieb Milla stehen und atmete tief ein. Doch, sie wollte diesen Schritt tun. Diesen hier schon. Sie hatte auch schon einmal daran gedacht, Johnny zu schreiben oder ihn sogar wieder zu besuchen. Doch er hatte ihr ja zu verstehen gegeben, dass sie ihn nur nervte.

Aber das hier, das war was anderes.

Also gab sie sich einen Ruck und trat ein. Maryam folgte ihr.

»Oh, schau mal, wer da kommt!« Tatsächlich hatte

Danny heute Dienst. Sie war wieder perfekt gekleidet und kam auf Milla und Maryam zu.

»Kennen Sie mich noch?«, fragte Milla.

Danny nickte. »Ja. Ich glaube, so schnell werde ich dich auch nicht vergessen.«

»Ich hab Sie bestohlen«, sagte Milla.

»Ich weiß.«

»Und ich möchte mich dafür entschuldigen.«

Danny schaute sie mit großen Augen an. »Damit hätte ich nicht gerechnet.«

Milla gab sich einen weiteren inneren Stoß. Gut, dass Maryam ihre Hand hielt. Das gab ihr Mut.

»Ich hab nicht nur das Shirt gestohlen«, gab Milla zu.

Danny rümpfte die Nase. »Auch das weiß ich. Du hast meine Stylingideen geklaut und als deine eigenen ausgegeben. Ich folge deinem Account bei *Pop-U-up*. Schon von der ersten Folge an.«

»Oh!« Milla war überrascht. »Dann sind Sie bestimmt sauer auf mich.«

»Stinksauer«, antwortete Danny. »Und das trifft es noch nicht einmal ansatzweise. Ich war echt superstinksauer auf dich.«

Milla horchte auf. »War?«

»Ich hatte überlegt, ob ich dich anzeigen sollte«, gab Danny zu. »Aber dann hab ich deinen Stream gesehen und darin deine gehetzten Augen erkannt. Du hattest dich wirklich in etwas Ungutes hineingesteigert, Milla. Das konnte ich erkennen. Ich habe lange gegrübelt, ob ich Anzeige erstatten soll. Eigentlich noch immer. Zumindest bis gerade eben.«

»Bis gerade eben?«

Danny sah erst Milla, dann Maryam an, bevor sie antwortete: »Das braucht echt Mut, hierher zurückzukommen und sich zu entschuldigen. Das zeigt, dass du es ernst meinst.«

»Danke. Und ich möchte auch die Kleidungsstücke bezahlen, die ich … also …«

Danny überhörte diesen Einwand. »Ich verfolge deinen Stream.« Sie blickte zu Maryam. »Ich vermute mal, du bist Maryam?«, fragte sie und streckte ihr die Hand hin.

»Ja, genau«, sagte Maryam und schlug ein. »Guten Tag.«

»Das ist irre, was ihr leistet«, lobte Danny. »Ich bin echt beeindruckt.«

»Und nicht mehr böse?« Milla schaute sie von unten her an.

Danny lachte sie an, dann konnte sie sich nicht mehr zurückhalten. Sie drückte Milla einmal fest an sich. »Nein, nicht mehr böse. Im Gegenteil. Ich möchte euch unterstützen. Im Flur zu den Toiletten, den du ja kennst, liegt immer ein Karton mit Kleidungsstücken, die ich nicht mehr verkaufen kann. Ich spreche mal mit meiner Chefin. Wenn sie einverstanden ist, kommt einfach einmal pro Woche vorbei und nehmt ihn mit, um alles an die Familien zu verteilen, die ihr unterstützt. Gute Idee?«

»Super«, rief Milla aus.

»Danke«, fügte Maryam schnell an.

»Das werde ich in meinem Livestream erzählen«, sagte Milla.

»Alles?«, hakte Danny nach.

Milla überlegte kurz. »Ja, alles«, antwortete sie dann entschlossen. »Ich möchte, dass alle erfahren, wie schnell man sich in solche Dinge hineinsteigern kann und wie gefährlich das alles ist.«

Danny blickte sich um. »Wisst ihr, was? Ich geb euch Geld und ihr besorgt mal aus der Eisdiele da drüben was Leckeres zu essen. Heute Morgen ist es hier recht ruhig. Wir könnten uns da vorne auf die Bänke setzen, sodass ich den Laden im Blick habe, falls Kunden kommen, und wir könnten einfach mal quatschen. Gute Idee?«

»Eigentlich schon«, sagte Milla. »Bloß eine Bitte hab ich: Darf ich das Eis bezahlen?«

Danny lächelte. Sie verstand, warum Milla das sagte.

»Natürlich«, entgegnete sie. »Bringt mir zwei Bällchen Schoko mit, ja?«

»Nur zwei Bällchen?«, entgegnete Milla. »Ich hab aber einiges wiedergutzumachen.«

Danny lachte. »In Ordnung. Ein Spaghettieis. Aber eine Kinderportion, ja?«

Milla war gerührt. »Danke für diese Chance.«

Danny berührte sie am Arm. »Ich danke dir, dass du so anständig bist, dich zu entschuldigen.«

Milla und Maryam wandten sich zur Eisdiele um, während Danny wieder in den Laden ging.

Kurz bevor sie die Theke erreicht hatten, blieb Milla stehen und lehnte sich dicht an Maryams Ohr.

»Danke«, flüsterte sie ihr zu. »Danke!«

»Aber ich habe nichts gemacht«, antwortete Maryam.

»Doch!«, widersprach Milla. »Du hast mich hierherbegleitet. Und nicht nur das. Als ich dabei war, mich völlig zu verlieren, da hast du mir den Kopf geradegerückt, wie Papa das wohl ausdrücken würde. Und vor allem dafür danke ich dir.«

Maryam blickte sie fragend an. »Was bedeutet ›Kopf geradegerückt‹?«, fragte sie nach.

»Du hast mich auf die richtigen Gedanken gebracht«, erklärte Milla. »Hast mir aufgezeigt, was wirklich wichtig ist. Oder nee, warte mal! Ich würde das ganz anders ausdrücken.«

Maryam schaute skeptisch. »So? Wie würdest du es denn sagen, Milla?«

»Du tust mir gut oder wie ich es sagen möchte: *You pop me up!* Auch, wenn das bestimmt kein sauberes Englisch ist.«

Sie lachten.

Warum schreibst du so ein Buch, Stefan?

Diese Frage wird mir während meiner Lesungen und Schreibwerkstätten immer wieder gestellt, sowohl von Kindern als auch von Jugendlichen und Erwachsenen: »Warum hast du dieses Buch geschrieben?« Oder auch: »Wie bist du auf die Idee dazu gekommen?«
Und meistens, wenn ich die Frage beantworte, entsteht ein spannender Austausch zwischen dem Publikum und mir.

Sehr oft wird mir nach den Veranstaltungen aber auch eine ganz andere Frage gestellt: »Kannst du mir helfen, berühmt zu werden?«, klingt es von Jugendlichen. Oder aber: »Können Sie meinem Kind helfen, ein Buch zu schreiben und es herauszubringen?«, fragen mich Erwachsene. Wenn ich zurückfrage: »Warum?«, heißt es in den meisten Fällen: »Na, ist schon cool, berühmt zu sein.« Was aber genau dieses Coole daran sein soll, können mir nur wenige beantworten.

Wenn ich dann weiter nachfrage, was denn bisher erdacht oder geschrieben wurde, ziehen viele nur die Schultern in die Höhe: »Nichts. Dabei sollst du mir doch helfen.« Oder auch immer wieder: »Ich dachte, ich geb dir eine Idee und du schreibst das Buch und dann stehen unsere Namen zusammen auf dem Cover.«

Diese Denkweise finde ich sehr befremdlich, denn wo bleibt der Spaß am eigenen Projekt? Wo die Kreativität? Wo die Freude am Entwickeln von der ersten Idee bis zum fertigen Manuskript? Was hat jemand davon, wenn ich den größten Teil der Arbeit übernehme, und der schönste Part daran, das Fantasieren, wird gar nicht selbst erlebt?

In meinem Fall als Schriftsteller ist es so, dass ich meiner Leidenschaft, zu schreiben und vorzutragen, nachgehe und dass dieser Job eine gewisse Bekanntheit mit sich bringt. Das eine zieht das andere nach sich.

Aber wieso möchten Leute unbedingt berühmt werden? Das habe ich mich lange Zeit gefragt. Und aus dieser Frage heraus ist auch dieses Buch entstanden: Was daran ist so außergewöhnlich, wenn man berühmt ist?

Die Antwort, die sich mir auftat und die ich durch viele verschiedene Gespräche bestätigt bekam, ist: Die meisten, die sich Berühmtheit wünschen, sind auf der Suche nach einer Bestätigung von außen. Es sind Menschen, die sich und ihr Leben davon abhängig machen, ob die Gesellschaft das, was sie tun, gut findet oder nicht.

Doch darin liegt ganz klar die Gefahr: Wenn ich nur berühmt werden möchte, um dadurch im Rampenlicht zu stehen und mir meine Bestätigung geben zu lassen, mache ich mich abhängig von der Meinung und dem Geschmack anderer. Ich verbiege mich, manche vergessen sich selbst sogar darüber, nur um dem Mainstream gerecht zu werden und so zu sein, wie andere das von ihnen erwarten.

Doch daraus ergeben sich die Fragen: Wo bleibe dann ich? Wo bleibt meine Individualität? Was ist das ganz Besondere, das Einmalige, das mich ausmacht?

Milla findet in dieser Geschichte zu sich selbst. Doch zuvor tut sie alles, um die Aufmerksamkeit und die Bestätigung durch andere zu erhalten. Dabei versucht sie, auf Formate zu setzen, von denen sie glaubt, dass sie anderen damit gefällt. Ihre eigentliche Begabung, also ihre soziale Ader und die Fähigkeit, sich ganz empathisch in Mitmenschen zu versetzen und ihre Situation richtig einschätzen zu können, nimmt sie selbst gar nicht wahr. Einfach, weil sie von dem Rampenlicht, das sie sich erträumt, schon von Beginn an geblendet wird.

Mein inniger Wunsch ist es, dass alle diejenigen, die sich Fame nur um des Fames willen wünschen, sich einmal mit Block und Stift an den Schreibtisch setzen und für sich selbst, in aller Ruhe, folgende Fragen beantworten:

Was sind meine drei wichtigsten, besten Eigenschaften?

Wo liegen meine Stärken?

Was genau bedeutet mir Berühmtheit?

Es gibt so viele Alltagshelden und -heldinnen, auf die niemand im Freundes- und Bekanntenkreis verzichten möchte, die aber nie an die Öffentlichkeit dringen. Meistens sind diese Leute innerlich sehr gefestigt und auch glücklich, weil sie das ausleben können, was ihnen liegt.

Ich wünsche allen, die auf der Suche nach sich selbst und nach ihren Stärken sind, dass sie sich klar erkennen und aus dieser Erkenntnis die richtigen Schritte für ihr Leben gehen.

Ich wünsche dir, liebe Leserin, lieber Leser, dass du deinen Weg findest und ihn gespannt und selbstbewusst beschreiten kannst.

Ich wünsche dir, dass du glücklich wirst. Aus dir heraus. Ohne Abhängigkeit von außen. Werde dir selbst und deiner Fähigkeiten bewusst und lebe sie aus. Egal, ob dann ein Schweinwerfer darauf leuchtet oder nicht. Sei einfach selbst das Scheinwerferlicht in deinem Leben.

Stefan Gemmel

Begeisterte Vorableser*innen über »Fake it till you're famous«

*Von den Schüler*innen der 9C der IGS Kastellaun*

Ein Buch, in dem sich die Realität widerspiegelt. Verdammt gut! (Sophie Esch)

Wie verändert sich jemand aufgrund von Kommentaren im Internet? Genau das zeigt es. (Anastasia Riegler)

Es geht um das weite und geheimnisvolle Internet, in dem nicht immer alles echt ist. Das macht »Fake it till you're famous!« gut. (Svenja John)

Das Buch ist auch für Jugendliche sehr modern. (Moritz Brand)

Die Charaktere sind getroffen. (Sophie Schmitt)

Der Roman bringt eine scheinbar alltägliche Geschichte und die Emotionen sehr gut rüber. (Maya Stoffel)

»Fake it till you're famous« ist zu empfehlen und besonders für Jugendliche. (Jette Wolf)

Stefan Gemmels Buch ist neu und kreativ geschrieben. (Ellina Nuss)

Influencerinnen im Interview

@kielfeder

Für die, die dir noch nicht auf deinem Account @kielfeder folgen: Wer bist du und was machst du? Worum geht es dir in deinem Kanal?

Ich bin Ramona und seit über zwölf Jahren blogge ich über Bücher. Mittlerweile bin damit auch seit zwei Jahren selbstständig und unterstütze Autor*innen und Verlage dabei, Bücher sichtbarer zu machen. Bücher waren schon sehr früh meine große Leidenschaft, aber ich hatte niemanden zum Austauschen in meinem Umfeld. Das ist auch heute noch mein Antrieb, warum ich blogge und auf diversen Kanälen aktiv bin: Weil ich den Austausch mit anderen leidenschaftlichen Leser*innen sehr schätze.

Welche Skills, glaubst du, braucht man, um erfolgreich auf Social Media zu sein?

Neugierde, Lust, sich auszuprobieren und keine Scheu vor der Kamera, würde ich sagen. Es gibt ja die unterschiedlichsten Arten, Erfolg auf Social Media zu definieren. Wichtig ist, dass man Ideen hat, worüber man sprechen möchte. Es gibt wohl für so ziemlich jedes Thema eine Bubble, die bereit ist zuzuhören.

Was machst du, wenn du einmal nicht inspiriert bist oder keine Ideen für deinen Account hast?

Gar keine einfache Frage, weil ich damit auch immer wieder zu kämpfen habe. Mir hilft tatsächlich, wenn ich mich dann nicht unter Druck setze, sondern einfach etwas komplett anderes mache. Dann kommt eben mal ein paar Tage kein Post oder keine Story online. Das ist okay. Aber das zu akzeptieren, das musste ich auch erst mal lernen, denn mein eigener Anspruch steht der Gelassenheit doch sehr oft im Weg.

In »Fake it till you're famous« verrennt sich Milla in ihrem Traum nach Berühmtheit. Was würdest du jemandem wie ihr raten?

Das ist sehr schwierig, denn ich glaube, die Person wird in einem solchen Fall sehr ablehnend auf kritische Worte reagieren und dann eher abblocken. Und ich würde dem definitiv mit Vorsicht gegenüberstehen. Es kommt auch sehr auf das Verhältnis zwischen uns an. Wenn wir gut befreundet wären, würde ich wahrscheinlich in passenden Momenten etwas anmerken. Zum Beispiel, wenn schon wieder das Handy gezückt wird, ob man den Moment gemeinsam nicht gerade lieber ohne Telefon genießen möchte. Ganz ungefiltert. Dass ich mich darüber freuen würde, wenn wir die nächsten Stunden einfach mal nur für uns hätten. Vielleicht helfen solche kleinen Stupser ja schon. Wenn das Verhältnis sehr vertraut ist, würde ich wahrscheinlich aus meiner Perspektive argumentieren: also, dass ich mir Sorgen mache und dass ich immer da bin, wenn die Person reden möchte.

@tintenbluete

Du bloggst mittlerweile seit über sieben Jahren auf deinem Insta-gram-Profil @tintenbluete über Bücher. Dort findet man alles rund ums Lesen: Neuerscheinun-gen, Rezensionen, Buchtipps und vieles mehr. Wie viel Arbeit macht es, einen Account zu betreuen?

Die Aufgaben und Möglich-keiten, die man als Booksta-grammer*in hat, sind sehr vielfältig. Neben dem Foto-grafieren von Büchern verfasse ich natürlich auch Beiträge über Bücher, bin im Austausch mit Leser*innen und anderen Blogger*innen und arbeite mit Verlagen und Autor*innen zusammen, um gemeinsame Aktio-nen zu planen. Die Betreuung meines Bookstagram-Profils ist zeitaufwendiger, als man vermutlich als Außenstehende*r annehmen würde. Meist sieht man ja nur den fertigen Post und macht sich wenig Gedanken, was alles dahintersteckt. Durchschnittlich knipse ich 30 Bilder, von denen ich dann nur ein einziges verwende. Habe ich das beste Bild ausgewählt, geht es an die Bild-bearbeitung und das Verfassen der Caption. Mit allem Drum und Dran wende ich für einen einzigen Post ein bis zwei Stunden Arbeit auf.

Es ist nicht immer leicht zu durchschauen, was im Internet fake ist. Wie gehst du damit um? Wann stört dich fake? Wann findest du es gut?

Gegen ein Foto, das kreativ bearbeitet wurde, habe ich überhaupt nichts einzuwenden. Ich selbst bearbeite meine Buchfotos ja auch, um eine gewisse Ästhetik zu erzeugen. Gerade wenn man sich mit seinen Bildern kreativ auslebt, sind sie ja eher als Kunstprodukte und weniger als eine Abbildung der Realität zu verstehen. Dies wäre in meinen Augen »guter Fake«, wenn man es denn als solchen bezeichnen möchte. Was ich jedoch schlimm finde, ist, wenn Influencer*innen mit ihren Bildbearbeitungen unrealistische Körperideale erzeugen und vor allem jungen Abonnent*innen vorspielen, dass es sich dabei um die Realität handelt.

Aus welchen Gründen sollte man »Fake it till you're famous« in der Schule einsetzen?

Da Social Media aus dem Alltag von Jugendlichen nicht mehr wegzudenken ist, ist der Lebensweltbezug von »Fake it till you're famous« natürlich sehr hoch. Die Thematik spricht Jugendliche an und weckt ihr Interesse, was für sich schon ein Grund ist, dieses Buch im Unterricht einzusetzen. Darüber hinaus kann die unterrichtliche Auseinandersetzung mit dem Buch Schüler*innen in Bezug auf die Nutzung sozialer Medien sensibilisieren und sie zur Reflexion ihres eigenen Nutzungsverhaltens anregen. Es birgt die Chance, ein Bewusstsein für die Gefahren von Social Media zu schaffen, wie beispielsweise die Vermittlung unrealistischer Schönheitsideale und deren Auswirkungen auf das Körperbild von Heranwachsenden. Gleichzeitig ist es wichtig, dass Schüler*innen lernen, soziale Medien gewinnbringend, also *für* und nicht *gegen* sich, zu nutzen.

*Welche guten und schlechten Erfahrungen hast du auf Social Media gemacht? Wovor würdest du warnen? Was kannst du unseren jugendlichen Leser*innen empfehlen?*

Ich denke, dass es ausschlaggebend ist, in welchen Kreisen man sich auf Social Media bewegt. Ich selbst bin vor allem in der Buchszene aktiv, wo größtenteils ein sehr respektvoller Umgang miteinander und eine große Toleranz herrschen. Daher habe ich selbst bisher zum Glück auch kaum negative Erfahrungen machen müssen. Mein Rat an die jugendlichen Leser*innen ist definitiv: Überlegt euch genau, wem ihr folgt und was ihr online konsumiert. Gibt euch der Content ein gutes Gefühl? Nehmt ihr etwas daraus mit, das euer Leben bereichert? Dann: Go for it! Setzen euch Posts und Profile aber eher unter Druck und lösen negative Gefühle in euch aus, dann entfolgt ihnen. Und vor allem: Vergesst nie, dass Social Media niemals die Realität abbildet.

@elenaannamayr

Du hast zwei Kanäle: @gekauft-gelesengeliebt für Bücher, bei dem anderen dreht sich alles um Selbstliebe und Mental Health (@elenaannamayr). Wie kamst du dazu, Influencerin zu werden?

Ich habe meinen Instagram-Account mit der Intention erstellt, mich mit anderen über Bücher austauschen zu können. Immer mehr Menschen haben zu meinem Account gefunden, wodurch Werbepartner auf mich aufmerksam geworden sind. Ich hatte also nie die Absicht, dass das Betreiben meiner Seite meinen Lebensunterhalt sichert. Aber wie John Lennon so schön gesagt hat: »Leben ist das, was passiert, während du beschäftigt bist, andere Pläne zu machen.«

Worin siehst du den Auftrag deines Kanals?

Mit meinem Account @elenaannamayr möchte ich einen Wohlfühlort schaffen, an dem sich jeder gesehen und gehört fühlt. Hier gibt es keine Tabuthemen und wir sprechen offen über Ängste, Sorgen und alles, was uns auf dem Herzen liegt. Leider hört man vom eigenen Umfeld oft »Ach komm, reiß dich doch mal zusammen« oder

»Du bist einfach viel zu sensibel«. Solche verletzenden Kommentare fallen bei uns nicht – im Gegenteil: Dort wird jedem Gefühl Raum gegeben.

Wie schaffst du es, so erfolgreich zu sein?

Ich glaube, der Erfolg meiner Seite besteht darin, dass die Menschen einen Mehrwert aus meinen Posts ziehen. Ihnen wird bewusst, dass ihr Leben noch schöner und leichter sein kann, wenn sie an sich selbst und ihrer Selbstliebe arbeiten. Durch meine Beiträge gebe ich ihnen Mut und Hoffnung und unterstütze sie auf dem Weg der Selbstfindung.

Viele sehen dich als Vorbild – wie fühlt sich das an?

Das ist ehrlich gesagt gar nicht wirklich greifbar für mich und manchmal habe ich auch das Gefühl, ich würde träumen. Aber es freut mich unfassbar, wenn ich andere Menschen positiv beeinflussen kann. Das ist wirklich ein Geschenk, das ich nicht als selbstverständlich ansehe.

Warum ist dir das Thema »Mental Health« so wichtig?

Das Thema »Mental Health« liegt mir unfassbar am Herzen, weil wir in einer Welt leben, die darauf pocht, immer besser, schneller und produktiver zu werden. Ich glaube, wir hatten noch nie einen derartigen Druck, immer funktionieren zu müssen und nie Pausen machen zu dürfen, wie heute. Das beginnt schon in der Schulzeit und läuft – meist noch schlimmer – im Arbeitsleben weiter. Deshalb ist es wahnsinnig wichtig, dass wir den jungen Menschen ins Bewusstsein rufen, dass der andauernde Stress und soziale Druck durchaus krank machen kann. Und am besten erreicht man die junge Generation dort, wo sie einen großen Teil ihrer Zeit verbringt: auf Instagram & Co.

Was möchtest du den Leser*innen noch mit auf den Weg geben?

Hört auf euer Herz und lasst euch nicht von den Erwartungen der Gesellschaft und der eurer Liebsten leiten. Es ist *euer* Leben, nicht das der anderen. Ihr müsst glücklich mit euren Entscheidungen sein – niemand anderes. Wenn es sich gut anfühlt, kann es gar nicht falsch sein.

Stefan Gemmel & Uwe Zissener

Befreiungsschlag

Damit hatte Maik nicht gerechnet. Geprügelt hat er sich schon oft, immer folgenlos, aber nun wurde er zu einer Jugendstrafe auf Bewährung verurteilt. Er hat die Wahl: Knast oder ein Anti-Gewalt-Training. Klar, dass Maik solch ein Training für völlig überflüssig hält, auf Psychogeschwätz kann er verzichten. Doch weil das Training besser ist als Gefängnis, willigt er ein und macht erstaunliche Erfahrungen. Seine Umwelt und vor allem seine Freundin Julia beginnen gerade, ihn mit anderen Augen zu betrachten, da droht der Rausch der Spielkonsole ihn vom Weg abzubringen …

240 Seiten • Arena Taschenbuch • ISBN 978-3-401-51056-9
Auch als E-Book erhältlich • www.arena-verlag.de

Ausgaben in Einfacher Sprache

978-3-401-51258-7

Jürgen Banscherus
Novemberschnee

Lina, Tom und Jurij haben einen Traum. Dafür brauchen sie Geld. Ihr Plan ist nur als Spaß gedacht. Doch aus ihrem Spiel wird bitterer Ernst. Plötzlich sind sie wirklich nach einem Banküberfall auf der Flucht vor der Polizei. Die Ereignisse überschlagen sich.

978-3-401-51260-0

Mirjam Mous
Boy 7
»Vertraue niemandem. Nicht einmal dir selbst«

Boy 7 kommt auf einer glühend heißen, kahlen Grasebene zu sich und weiß weder, wohin er unterwegs ist, noch, woher er kommt. Die einzige Nachricht auf seiner Mailbox stammt von ihm selbst: »Was auch passiert, ruf auf keinen Fall die Polizei.« Wer ist er? Wie ist er hierhergeraten? Und wem kann er noch vertrauen?

978-3-401-51259-4

Katja Brandis
Woodwalkers (1) *Carags Verwandlung*

Auf den ersten Blick sieht Carag aus wie ein normaler Junge. Doch hinter seinen leuchtenden Augen verbirgt sich ein Geheimnis: Carag ist ein Gestaltwandler. Aufgewachsen als Berglöwe in den Wäldern lebt er erst seit Kurzem in der Menschenwelt. Als er von der Clearwater High erfährt, verspürt er ein Gefühl von Heimat ...

Jeder Band:
Kartoniert • Gedruckt auf Recycling-Umweltschutzpapier, zertifiziert mit dem Blauen Engel
www.arena-verlag.de

M. A. Bennett

Sieben
Spiel ohne Regeln

Nach jahrelangem heftigem Mobbing an der Schule hofft Link, dass
sie alle tot sind. Dass sie umgekommen sind bei dem Flugzeugab-
sturz, den er wie durch ein Wunder überlebt hat. Aber sein Hochge-
fühl währt nur kurz. Denn Links Mitschüler sind alle noch da – sie
sind mit ihm auf einer tropischen Insel gestrandet und mehr als bereit, ihn weiter zu erniedrigen. Ziemlich schnell jedoch ist klar: Hier
in der Wildnis steht die Schulhierarchie auf dem Kopf. Das Recht des
körperlich Stärkeren ist außer Kraft gesetzt und einzig Link als Nerd
verfügt über das Wissen zum Überleben.

400 Seiten • Arena Taschenbuch • ISBN 978-3-401-51229-7
Auch als E-Book erhältlich • www.arena-verlag.de

Tania Witte

Marilu

»Wenn ich ES jemals tue, geb ich dir die Kette zurück, Elli«, hatte
Marilu geschworen. Zwei Jahre später freut sich Elli auf ihren Schul-
abschluss und hat sowohl Marilu als auch den Schwur vergessen.
Doch dann findet sie die Kette in der Post. Der beiliegende Brief ist
ein Hilferuf – und der Startschuss zu einem fiebrigen Roadtrip. Die
Spur, die Marilu gelegt hat, bringt Elli und Marilus Bruder Lasse an
ihre Grenzen. Ein Wettlauf gegen die Zeit beginnt und allen wird klar:
Marilu testet das Leben. Und Elli muss dafür sorgen, dass das Leben
diesen Test besteht.

www.arena-verlag.de
288 Seiten • Klappenbroschur • ISBN 978-3-401-60588-3 • Auch als E-Book erhältlich